실행력을 효과적으로 높이는 최고의 프로젝트 보고서

THE ONE PAGE

더 원 페이지 프로젝트

PROJECT

단 한 장으로 이루는 최고의 효율과 성과

한 장의 프로젝트 보고서인 OPPM은 프로젝트 실행을 위해 적시에 핵심 관계자와 정확한 정보를 주고받게 한다. OPPM을 도요타의 A3보고서와 결합해 더욱 강력하고 통합된 관리 도구로 만들었다. 누구나 쉽게 이해하고 적용할 수 있는 OPPM/A3를 통해 복잡한 프로젝트의 수많은 정보를 단 한 장의 보고서로 요약해보자!

클라크 A. 캠벨 · 마이클 J. 콜린스 지음 | **최은아** 옮김

BOOK
AGIT

THE
ONE-PAGE
PROJECT

더 원 페이지 프로젝트

더 원 페이지 프로젝트
The One-Page Project

초판 1쇄 발행 | 2020년 7월 10일

지 은 이 | 클라크 A 캠벨, 마이클 J. 콜린스 공저
옮 긴 이 | 최은아
펴 낸 이 | 윤석진
펴 낸 곳 | 도서출판 작은우주
총괄영업 | 김승헌
책임편집 | 김아롬
디 자 인 | 이상량

출판등록일 | 2014년 7월 15일(제25100-2104-000042호)
주   소 | 서울특별시 마포구 월드컵북로4길 77, 3층 389호
전   화 | 070-7377-3823
팩   스 | 0303-3445-0808
이 메 일 | book-agit@naver.com

ISBN 979-11-87310-42-6

* 북아지트는 작은우주의 성인단행본 브랜드입니다.

차례

추천사

오래전 나는 프로젝트 관리 분야의 EMBA^{Executive MBA} 과정을 가르친 적이 있다. 당시 나는 격주마다 학생 두 명을 지정해 경영진에게 제출할 보고서를 작성해 오라고 주문했다. 프로젝트에 대한 현황 보고서로 최대한 잘 작성해야 했다. 첫 수업에서 두 학생이 '매도 먼저 맞겠다'며 둘이 함께 준비해 오겠다고 자원했다.

다음 수업 시간이 되자 이 두 학생은 강의실에서 열다섯 장의 현황보고서를 나눠 주고 있었다. 나는 강의실을 돌며 그 보고서를 걷어 학생 전체가 보는 앞에서 쓰레기통에 던져 넣었다. 보고서를 준비한 두 학생은 몹시 당황했다. 나는 두 학생에게 다음 시간에 보고서를 다시 작성해 오라고 말하면서 그때도 보고서가 한 장을 넘어가면 또 다시 쓰레기통으로 들어갈 것이라고 말했다.

이 이야기가 전달하는 요점은 명확하다. 경영진은 책상에 놓인 보고서를 읽을 시간이 없다는 것이다. 경영진이 보고서를 자세히 들여다보기는커녕 읽지도 않고, 읽는다 해도 결함을 찾아낼 것이 뻔한 보고서에 지나치게 많은 정보를 담을 이유가 있을까? 경영진이 원하는 정보는 단 두 가지로, 프로젝트의 현재 진척 상황과 달성 시점이다. 그런 정보를 단 한 장의 종이로는 전달할 수 없을까?

〈한 장의 프로젝트 보고서 OPPM〉 시리즈를 보면 그 일이 가능하다는 것을 알 수 있다. 프로젝트 관리 방법으로 OPPM을 사용하면, 프로젝트를 위한 의사소통이 단순해지고 효율성이 향상될 것이다. 특히, 시간이 부족한 경영진에게는 획기적인 도구가 된다.

해럴드 커즈너^{Harolsd D. Kerzner}
국제학습센터 ILL 전무이사

국제학습센터 ILL의 전무이사인 클라크 캠벨은 경영진과 프로젝트 관리자 사이에 오랫동안 존재했던 의사소통의 공백을 빈틈없이 메워 준다. 프로젝트 관리에 난항을 겪는 이에게 OPPM은 전략을 성공적으로 이끄는 필수 도구이다.

데니스 피터슨Denis R. Petersen
PMP, 마일스톤 매니지먼트 컨설턴츠 회장 및 CEO

프로젝트 관리에서 의사소통은 가장 중요한 성공 요소이다. 나는 지난 26년 간 첨단기술 회사 여섯 곳에서 CIO로 근무했다. 여러 프로젝트를 진행하면서 수많은 성공과 실패를 경험했지만 3,000만 달러 규모의 프로젝트인 SAP/ERP는 OPPM을 활용해 대성공을 거두었다.

이 도구는 정말로 큰 힘을 발휘한다! 단 한 장의 종이로 복잡함을 단순함으로 바꾸고, 정확하고 정직한 평가를 가능하게 한다. OPPM은 아무리 바쁜 경영자라도 검토할 수 있는 보고서이다.

데이비드 버그David C. Berg
IMM, 유니시스, 선 마이크로시스템스의 전 CIO

동시에 여러 개의 프로젝트를 진행해 본 적이 있는 사람이라면 그 일이 얼마나 어려운지 잘 알 것이다. 프로젝트를 신속하고 간결하고 신뢰할 수 있게 추진하는 효과적인 방법을 찾아야 하지만, 그 방법을 찾다가 금세 지치기 쉽다. 더구나 비용이 많이 들고 더 복잡해 보이기까지 한다. 그럴 때 이 책이 해결책을 제시해 줄 것이다.

프랭크 루비Frank Luby
《Manage for Profit, not for Market Share》의 저자

중요한 프로젝트를 관리하다 보면 사소한 문제들에 몰두하다 귀중한 시간을 낭비했다는 사실을 뒤늦게야 깨닫는 경우가 많다. 이 책의 저자 클라크 캠벨은 프로젝트를 관리하는 훌륭한 도구를 소개한다. OPPM을 활용하면 한눈에 중요한 이슈를 포착할 수 있다. 이 도구는 프로젝트의 핵심 정보만 원하는 경영진을 위한 완벽한 솔루션이다.

테일러 랜들Taylor Randall
유타 대학교 경영대 교수

얼핏 보면 이 책은 중요한 프로젝트 수행을 위한 '계기판'을 다루는 내용 같지만, 그보다 훨씬 더 많은 것이 담겨 있다. 노련한 프로젝트 리더인 클라크 캠벨은 프로젝트를 적시에, 예산 범위 내에, 목표에 맞게 달성할 가능성을 상당히 높여 주는 검증된 프로세스를 제시한다. 그에 더해 목표를 달성해야 하는 책임자를 위해 지원군과 안내인 역할을 하며 목표에 초점을 맞출 수 있도록 간단하면서 강력한 일련의 단계를 소개한다. 특히, 이 방법은 효율적인 프로젝트 리더십을 위한 기술과 도구를 배우고 싶어 하는 학생을 비롯해 많은 프로젝트 관리자에게 유익할 것이다.

스티븐 휠라이트Steven C. Wheelwright
하버드 경영대학교, 베이커 기념 재단 교수

OPPM은 지금껏 본 프로젝트 관리 기법 중 가장 생산적인 방법이다. 너무 복잡하지도, 그렇다고 너무 단순하지도 않다. 프로젝트 관리자는 틀림없이 이 도구를 신속하고 명확한 의사소통에 지속적으로 적용할 수 있을 것이다. 이 도구를 몇 년 전부터 사용했다면 좋았겠지만, 지금이라도 유용한 도구가 소개되어 매우 기쁘다. OPPM이 시간을 절약한다는 사실에는 의문의 여지가 없다.

폴 제르메라드Paul Germeraad
인텔렉추얼 아세츠 사장 / 캘리포니아 공과대학 전임 강사

눈에 띄게 간단하면서 보편적으로 적용할 수 있는 OPPM은 2003년 클라크 캠벨이 처음으로 중국 베이징에서 강연을 한 이후 중국 프로젝트 관리자들의 효율적이 도구가 되었다. OPPM은 적용하기 쉽고 강력한 의사소통 도구라는 사실이 인상적이다. 프로 젝트 성과를 향상시키고 진척 상황을 정확하고 효율적으로 전달하고 싶은 관리자라면 누구나 이 책을 읽어야 한다.

조너선 듀Jonathan H. Du
중국 베이징 소재의 와이즈차이나 트레이닝 CEO 겸 회장

종합적인 린 경영은 린 의사소통을 요구한다. 클라크 캠벨과 마이크 콜린스는 이 책 에서 강력하면서도 단순한 의사소통 도구를 소개하고 있다. 신고경영상을 수상한 태너 사는 미국 린 경영 회사 가운데 상위 3% 안에 든다. 태너 사가 시행한 OPPM과 도요타 A3의 탁월한 조합은 경쟁 기업과 달리 개선이 지속된 이유를 밝혀 주며, 시장우위 선 점 및 수익 증가를 위한 전략 실행 방법을 보여 준다.

로스 롭슨Ross E. Robson
DNR 린 회장, 신고경영상 위원회 전 이사

서문

대규모 프로젝트를 쉽고 간결하게 정리한 효과적인 도구

클라크 캠벨과 나는 20년 이상 친구이자 동료로 지내왔다. 우리는 함께 차를 타고 다니며 축구 경기를 관람했고, 아이들에게도 축구를 가르치며 많은 시간을 같이 보냈다. 나는 추수감사절 연휴 기간에 축구 경기를 보기 위해 클라크와 함께 차를 타고 여행하면서 그의 분석력에 깊은 인상을 받았다. 그는 프로젝트를 명확하게 제시해 누구나 쉽게 업무를 추진할 수 있는 효과적인 방법을 끊임없이 찾고 있었다.

어느 날 클라크는 내게 자신이 고안한 새로운 보고서의 기능이 어떤지 살펴보라고 했다. 그때 나는 '한 장의 프로젝트 보고서 OPPM'을 처음으로 보았다. 클라크는 OPPM의 기능을 자세하게 설명해 주었다. 당연히 매우 열정적으로 설명했고, 나는 그 한 장의 보고서에 담긴 단순함, 범위, 수용력에 감탄했다. 클라크를 잘 알고 있던 나로서는 그가 과업의 책임 소재를 밝히고 담당자에게 책임감을 부여하는 더 나은 방법을 기어코 찾아냈다는 사실이 아주 놀랍지는 않았다.

클라크가 OPPM을 개발했을 당시 나는 정부 관청에서 일하게 되었다. 유타 주의 3선 주지사인 마이크 레빗의 비서실장으로 일했는데, 마이크 레빗은 주지사에 이어 미 환경보호국 국장, 그 후에는 미 보건사회복지부HHS의 장관까지 되었고, 나는 계속 그의 비서실장으로 근무했다. 6만 7,000명 이상의 직원을 거느리고 7,000억 달러가 넘는 정부 예산을 운용하는 HHS는 세계에서 4, 5위에 해당하는 경제 기구이다. 하지만 HHS의 규모와 영역을 설명하는 데 유용한 매트릭스는 단 몇 개에 불과했다.

마이크 레빗과 나는 새로운 안건으로 회의를 할 때마다 비전(이를 테면 향후 5,000일을 내다본 500일 계획 등)을 세워 문서화했는데, 그러면 항상 너무 방대한 프로젝트가 되기 일쑤였다. 비서실장이었던 나는 COO로서 문제를 해결하고 상관의 중요한 일정과 우선순위 업무를 실행해야 했다. 그래서 당시에는 드문 일이었지만, 주요 정부 정책을 추진하는 일에 기본적인 프로젝트 플랜을 적용하기 시작했다.

한 가지 사례로 HHS의 프로젝트에는 유행성 독감에 대비하는 국내 및 국제적인 업무가 있다. 여기에는 각 국가에서 대응을 논의하고 백신을 다시 생산하고 개인, 기업, 기관, 국가 차원에서 철저하게 대비하도록 촉구하는 일이 포함된다. 우리는 보건기구를 조직하고 독감에 대한 정보를 기술적으로 주고받을 협업체제를 만들었다. 그리고 세계적인 공중보건계획에 착수하여 맞춤형 의료계획을 조직해 예방에 최선을 다했다.

이런 일들 하나하나는 국가적 또는 세계적으로 규모가 매우 큰 프로젝트였다. 각 과정은 끊임없이 역동적으로 변했다. 그렇기 때문에 계획과 실행 단계에서 철두철미한 협력이 필요했다. 이를 위해 우리는 OPPM을 선택했다. OPPM은 진척 상황을 반영하고, 장애물을 확인하고, 다음 단계를 결정하고, 필요한 조정을 하는데 완벽한 도구였다. OPPM을 활용한 월간 보고서 덕분에 나는 각각의 프로젝트에 대한 최신 정보를 명확하고 효과적으로 파악했다. OPPM이라는 강력한 무기를 장착했기 때문에 나는 그 어떤 보고서보다 훨씬 쉽고 간결하고 정확하게 작성된 보고서를 장관에게 보고할 수 있었다.

OPPM 활용이 아직 미숙할 때도 엄청나게 많은 양의 정보를 간결하고 이해하기 쉽게 효과적으로 통합한 덕분에 프로젝트의 결과물, 의사소통, 사고력 및 판단력, 업무 조정 능력 등이 놀랍게 향상됐다.

우리가 수행한 프로젝트보다 더 광범위한 프로젝트도 있을 것이다. 하지만 한 장소에서 엄청난 규모의 프로젝트 여러 개를 동시에 관리하는 것은 상상할 수 없다. 또한, 적절한 도구 없이 프로젝트의 모든 정보를 파악하려는 시도도 불가능하다고 생각한다. 그래서 우리에게는 OPPM이 핵심 요소였다. 클라크 캠벨처럼 조직을 천재적으로 움직이는 사람이 우리 곁에 있다는 것은 대단한 행운이었다. 우리는 OPPM을 활용하여 동시다발적인 프로젝트를 관리하고 목표를 달성할 수 있었다.

뒷이야기를 마저 하는 것이 좋을 것 같다. 마이크 레빗이 16년간의 공직 생활을 마치면서 나 역시 12년 간 이어오던 그의 비서실장 역할이 끝났다. 그 후 우리는 레빗 파트너스라는 컨설팅 회사를 세우고 우리가 정한 기준에 부합하는 기업에 자문하며 투자를 하고 있다. 우리의 핵심 업무는 고객사가 OPPM을 활용하도록 돕는 일이다.

리치 맥케온Rich Mckeown
레빗 파트너사의 사장 겸 CEO

쉽게 이해하고 사고하는 방법을 제시하는 OPPM

　나는 리더십을 발휘해 기업을 30년 동안 이끌면서 끊임없이 조직을 발전시킬 수 있는 철학과 도구를 찾았다. 품질 관리 서클, 적시 시스템, 통계적 공정 관리 시스템, 식스 시그마, 린 등을 비롯한 수많은 방법이 나름대로 성공을 거두며 효과를 발휘했다.

　그런데 지금 나는 중요한 원칙 한 가지를 깨달았다. 문제 해결과 프로세스 향상에 더 많은 사람이 개입할수록 진척이 더 빨라진다는 사실이다. 태너 사에서 여러 가지 린 도구를 다양하게 활용해 봤지만, 프로젝트에 직원의 참여를 높이는 가장 유용한 수단은 간단한 도구들이었다.

　하지만 프로젝트 관리 기법이 간단하지 않다는 데 문제가 있었다. 그래서 일부 사람은 전문적인 프로젝트 관리자, 엔지니어, 고위 관리직들만 프로젝트를 계획하고 실행할 수 있다고 말한다. 그들은 프로젝트 관리가 복잡한 체계여서 하위직 직원에게 가르치기 쉽지 않다고 생각할지도 모른다.

　'한 장의 프로젝트 보고서 OPPM'은 쉽게 이해하고 사고할 수 있는 방법을 제시하기 때문에 복잡한 내용을 정리하고 해결하는 명쾌한 해법이 된다. 우리는 관리자와 팀원들이 OPPM을 활용하도록 훈련시켰다. 그 결과 하위직 직원들도 자체적으로 '카이젠Kaizen 프로젝트'를 관리하게 되었다. 팀원들은 이 프로젝트 기법과 간단한 의사소통 기능을 적용해 일정을 계획하고 책임을 규정하고 업무를 관리하고 진척 상황을 보고하여 목표에 도달했다. 우리는 린 도구와 함께 OPPM을 활용하여 직원의 창조성을 끌어올렸다. 그로 인해 생산성을 높이는 동시에 사이클 타임을 줄이고 재공품WIP(제조 과정에 있는 반제품)을 대폭 감소시켰다. 그에 더해 물리적 공간을 정비하고 이전보다 더 정확한 시간에 상품을 전달하면서 상품과 서비스의 질을 세계 최고 수준으로 향상시켰다.

이 책에서 클라크 캠벨과 마이크 콜린스는 OPPM이 전략 전개에 얼마나 효과적인지 입증한다. 또한, OPPM과 A3를 활용한 그림을 통해 전략적 비전을 제시하는 방법을 보여 준다. 이 도구들을 함께 사용하면 조직 구성원 모두가 전략을 명확하게 이해하고 프로젝트의 진척 상황을 쉽게 모니터링할 수 있다.

지속적인 향상과 직원 존중의 기업 문화에 초점을 맞추는 과정에서 OPPM은 간단하지만 매우 유용한 도구로써 강력한 힘을 발휘한다. 이 책을 읽고나서 직원들에게 OPPM을 사용하도록 격려하자.

해럴드 시몬스Harold Simons
태너 사 부사장, 신고 상 이사,
1999년 신고 경영상 제조부문 우수상 수상

서론

마이크 콜린스와 함께 작업한 이번 책은 전략 실행에 책임이 있는 경영진과 리더를 염두에 두고 저술했다. 이 책에서는 OPPM^{One Page Project Manager}을 도요타의 'A3보고서'와 통합하는 방법을 살펴본다. 그에 더해 구체적인 사례를 제시하여 어떻게 이 의사소통 도구가 놀랍도록 간단한 방법으로 문제를 해결하여 전략을 추진할 수 있게 하는지 보여 준다.

'한 장의 프로젝트 보고서 OPPM'은 1990년대 초 유타 주 솔트레이크시티의 태너 사(O.C. Tanner Company)가 개발했다. OPPM을 처음으로 활용한 프로젝트는 자동화 물류 센터를 건설하기 위한 1,000만 달러 규모의 건축과 컴퓨터 시스템 도입이었다. 그 후 10년 동안 점점 더 많은 프로젝트에 이 도구를 사용하고 있다. 그에 더해 1997년 도요타에서 20년간 근무한 마이크 콜린스가 태너 사에 합류하면서 도요타 생산 방식의 노하우를 OPPM에 접목할 수 있었다.

나는 그를 린 전문가라고 부르곤 하지만, 마이크는 아직도 배워야 할 게 많다고 말한다. 마이크는 아메리칸 스즈키 사의 부사장 겸 총괄 관리자로 있다가 동남아시아의 월드테크 컨설팅으로 자리를 옮겼다. 그리고 현재는 태너 사에서 린 사업부 부사장직에 있으면서 웨스트민스터 대학에서 대학원생들에게 린 원칙(인력, 생산설비 등 생산 능력을 필요한 만큼만 유지하면서 생산 효율을 극대화하는 생산 시스템)에 대해 가르치고 있다.

OPPM이 강력한 시각 도구가 될 것이라고 처음 제안한 사람이 마이크였다. OPPM은 한 장의 보고서인 도요타의 'A3보고서(이후 A3로 칭한다.)'의 우측에 있는 모든 정보에 대해서 효과적으로 의사소통할 수 있는 도구라고 했다. 마이크는 십여 년 전부터 수백 개의 문제 해결을 위한 프로젝트를 실행하는 일에 자신의 아이디어를 적용했고, 본인도 예상치 못한 성공을 거두었다. 나는 OPPM/A3를 활용한 덕분에 손쉽게 문제를 해결하고 전략을 추진할 수 있었다. 그의 성공 사례가 이 책을 쓰는 동력을 제공해 주었다. 최근에는 제조업 종사자뿐만 아니라 수많은 기업 관계자가 업무의 필수 요소를 숙지하고 그것에 맞게 과업을 조정하면서 전략을 실행하고 있다. OPPM/A3는 강력한 의사소통 도구로 올바른 정보를 적시에 적임자에게 전달하여 프로젝트를 모니터링하게 해 준다. 그에 더해 올바른 업무 수행을 지원하며 성과에 대한 보상의 근거도 제공한다. 즉, 곧바로 실행하는 것이다!

> ### 핵심 요소
> ### 간단한 의사소통을 통한 실행

중국의 손자는 이렇게 말했다.

"훌륭한 실행은 훌륭한 전략의 토대로 가능하며, 위대한 실행은 전략적 선택을 증가시킨다."

래리 보시디Larry Bossidy와 램 차란Ram Charan은 이 말을 더욱 간단히 정리했다.

"전략이 실패하는 가장 흔한 이유는 제대로 실행되지 않기 때문이다."

예일 대학교의 명예교수인 에드워드 터프트Edward Tufte는 대학에서 통계적 증거 및 정보 디자인 수업을 가르쳤다. 그는 자신의 유명한 저서 《정량적 정보의 시각화 The Visual Display of Quantitative Information》에서 이렇게 말했다.

"많은 숫자를 설명하고 분석하고 요약하기 위한 가장 효과적인 방법은 그

숫자들을 그림으로 나타내는 것이다. 이 방법은 숫자가 아무리 많아도 유용하
다. 통계적인 정보를 분석하고 의사소통하는 방법은 많이 있지만, 그중에서도
잘 고안된 데이터 그래픽이 가장 간결한 동시에 강력한 도구이다."
아인슈타인이 남긴 유명한 말이 있다.
  "모든 일은 가능한 한 단순하게 해야 한다. 하지만 너무 단순해서는 안 된다."

> **지침**
> **실행 가능한 만큼 단순하게 하라.**

여기서 '실행 가능한'은 정확히 맞는 표현이다. 의사소통은 '무조건 단순하게'가
아니라 실행 가능한 만큼 단순하게 해야 한다. 실행 가능한practical이라는 단어는
중세 라틴어 '사용할 수 있는practicabilis'과 그리스어 '행동할 수 있는praktikos'에서 유
래됐다. 유의어로는 '성취할 수 있는, 달성할 수 있는, 가능한, 실행 가능한' 등이 있
을 것이다.
  피터 드러커Peter Drucker는 "당신이 목표를 알고 있다면 목표를 통한 관리는 효
과적이다. 하지만 안타깝게도 업무를 진행하는 동안 대체로 사람들은 목표가 무엇
인지 모른다."라고 말한다. OPPM/A3를 활용하면 프로젝트를 전략적 목표에 집중
시켜 필수 요소를 계획할 수 있고, 그 이후 주요 변수들이 어떻게 진행되는지 쉽게
의사소통할 수 있다.

마지막으로 OPPM/A3의 구체적인 내용을 다루기 전에 의사소통에 대해 한 마디 더 하고 싶다. 영광스럽게도 나는 프로젝트 매니지먼트 리소스 그룹Project Management Resource Group이 후원하는 '프로젝트 관리 분야에서 명망 있는 베스트셀러 저자 세 명'의 순회 강연회에서 다른 두 명의 저자와 함께 연설을 하게 되었다.

당시 함께 했던 저자 중 하나인 하버드 컴퓨팅 그룹의 사장 겸 설립자인 마이클 커닝햄Michael J. Cunningham은 자신의 저서 《시작한 일은 끝내라Finish What You Start》에서 이렇게 말했다.

"대규모 프로젝트 관리에 관한 가장 복잡한 문제 중 한 가지는 진행 상황을 '시각화'하는 것이다. '의사소통'에 시간이 걸릴 수 있으며, 즉각적인 결과가 나타나지 않을 수도 있다. 하지만 장담하건대 '프로젝트에서 가장 중요한 측면은 의사소통'이다."

또 한 명의 저자 앤디 크로우Andy Crowe는 자신의 저서 《알파 프로젝트 관리자: 상위 2%의 사람만 아는 사실Alpha Project Managers: What the Top 2% Know that Everyone Else Does Not》에서 이렇게 말했다.

"알파 그룹을 다른 경쟁사와 구별하는 요소 중 가장 경쟁력이 있는 것이 의사소통이다."

이 책의 1장에서는 OPPM과 전략의 연결고리를 설명한다. 개인적인 일상이 담긴 1장의 내용을 통해 당신은 간단한 프로젝트 관리 도구로 고안된 OPPM이 린의 실천과 도요타 방식, 궁극적으로 전략 전개에 어떻게 활용되는지 이해하게 될 것이다.

OPPM의 핵심 내용을 이사회에 설명할 때 한 이사가 얼굴을 찌푸리며 말했다. '한 장의 보고서로 설명해 줄 수는 없소?' 그래서 2장에서는 OPPM의 작성 방법과 그것을 활용한 보고 방법을 설명하며, 이를 확실하게 적용할 수 있도록 몇 가지 팁을 제시한다. OPPM은 단독으로 또는 도요타의 A3와 함께 사용하여 전략을 추진할 뿐만 아니라 문제까지 해결할 수 있다. '문제는 현상만 다를 뿐 결국 프로젝트'이기 때문이다.

3장은 계획, 담당자 연계, 총괄적인 방향 제시, 프로젝트 관리, 의사소통 등에 OPPM이 어떻게 활용되어 ISO 인증을 획득하는 데 도움이 되었는지 구체적 사례를 보여 준다.

4장에서는 도요타의 A3를 과학적 기법 및 데밍의 PDCA 사이클과 연결해 소개한다. 그리고 5장에서 OPPM을 A3와 결합하여 작성한 ISO 프로젝트를 재검토한다.

프로젝트 관리 조직PMO은 린 실행의 본질이다. 그래서 6장은 PMO의 8가지 기본 책무 수행에 OPPM을 어떻게 활용하는지 다룬다. 그리고 이 장에서 프로젝트 오피스와 OPPM 서식을 제공하는데, 이 서식들은 최우선 프로젝트를 간결하게 요약해서 전략 및 연간 운영 계획과 연계해 준다.

7장에서는 A3의 강력함과 간결함을 전략 전개 프로세스에 적용한다. 당신은 OPPM/A3를 활용해 기업 차원의 프로젝트가 어떻게 팀원 한 명 한 명에게 연계되

느지 실제적인 사례를 충분히 확인하게 될 것이다.

그리고 OPPM/A3가 전략을 추진할 뿐만 아니라 구체적인 문제를 해결하는 방법을 8장에서 살펴본다. 이 도구들이 어떻게 지속해서 업무 효율을 향상시키고 도요타 방식의 핵심인 '사람 존중'을 실현하는지 고찰할 것이다.

다음은 OPPM/A3가 매우 간결하고 시각적 효과가 뛰어나다는 사실을 잘 나타내는 전문가들의 생각이다.

·　·　·　·　·

"모든 단계에서 관리자가 목적을 가시적으로 확인하고 실현하기 위해 '명확한 시각화'를 완벽하게 만들어야 한다."

"린 사고는 '간결'하지만 상식을 벗어나는 아이디어의 산물이다."

– 제임스 워맥James P. Womack과 다니엘 존스Daniel T. Jones
《린 사고Lean Thinking》의 공동 저자로 '린' 용어를 최초로 도입

"너무 긴 보고서를 검토하다 보면 시간만 낭비하고 복잡한 개념을 이해하기 어렵다. 하지만 시각적 접근은 훨씬 효과적이다. 사람들은 시각적 자료에 이끌린다. 도요타의 신입 사원이 배우는 의사소통 방법은 가능한 한 말은 적게 하면서 시각 자료를 활용하는 것이다. 'A3'가 의사소통 프로세스의 핵심이다."

– 제프리 라이커Jeffrey K. Liker
《도요타 방식Toyota Way》의 저자

"우리는 조직에 PDCA 사이클이 뿌리내리도록 간단한 시스템의 틀을 갖춰야 했다. 간단한 동시에 체계적이고 치밀한 시스템이 필요했다. 이를 위해 도요타의 'A3 보고서'를 활용하는 데 초점을 맞췄다. 'A3'는 단 한 장의 종이로 PDCA 사이클의 주요 결과를 보고하는 도구였다."

— 듀워드 소벡Durward K. Sobek 2세와 아트 스몰리Art Smalley
《A3 사고의 이해Understanding A3 Thinking》의 공동 저자

"복잡한 것들이 질서를 창조하기도 한다. 마치 시계 속의 톱니와 스프링, 플라이휠이 간결한 데이터, 즉 시간을 나타내는 것과 같다. 그리고 세상은 이 간결한 데이터를 기반으로 움직인다.

"어이없는 현상이지만 복잡함이 간결함으로, 간결함이 복잡함으로 바뀌는 분류 체계가 존재한다."

— 제프리 클루거Jeffrey Kluger
《심플렉 시티: 복잡한 문제 속에 숨은 간단한 해결책Simplexity: Why Simple Things Become Complex》의 저자

"현대 과학 덕분에 우리는 간결함에 대한 갈망이 자연계에도 있는 현상임을 잘 알게 된다."

— 마가렛 휘틀리Margaret J. Wheatley
《현대 과학과 리더십Leadership and the New Science》

단 한 장으로 이루는 최고의 효율과 성과

01
OPPM과 전략 실행

30년 이상 친구로 지내온 전직 CEO 두 명이 회사를 경영하면서 경험했던 일들에 관해 이야기를 나누었다. 한 사람은 과거에 미국에서 가장 큰 민간 부동산 회사의 업무 집행 사원으로 일했고, 현재는 우수 항공사의 회장으로 근무하고 있다. 또한 사람은 직원 보상 프로그램 관리 분야에서 80년간 세계 선두를 지킨 업체인 태너 사O.C. Tanner를 12년 동안 이끌었다. 그들은 자신의 업무를 더 수월하고 효과적으로 만들어 준 아이디어와 도구에 관해 이야기했다.

도대체 무엇이 그들을 탁월하게 만들었을까? 그들의 대화는 늘 그렇듯이 간단명료하게 한 가지 포인트에 의견이 모였다.

"OPPM은 정말 간단하지만, 내가 전략을 실행하고 올바른 업무를 수행하는 데가장 가치 있게 사용한 유일한 도구였다네."

태너 사의 전 CEO인 켄트 머독Kent Murdock이 확신에 차서 말했다. 그가 말한 '올바른 업무'에는 회사 창립 이후 최고 수준의 판매 증가, 수익 극대화, 주주 이익의 확대 등이 포함되어 있다. 제트블루Jet Blue 항공사 회장이자 스탠퍼드 경영대학원의 교수인 조엘 피터슨Joel Peterson이 덧붙여 말했다.

"OPPM이라는 단 한 장의 종이로 전략을 간단하게 전달하고 전략 실행을 담당자, 프로세스, 성과 매트릭스와 연결하여 나타낼 수 있다면, CEO는 누구나 OPPM을 자신의 도구함에 넣어 두어야 하지."

뉴욕 타임스 베스트셀러인《실행에 집중하라Execution, The Discipline of Getting Things Done》에서 저자 래리 보시디Larry Bossidy와 램 차란Ram Charan은 이렇게 말한다.

'리더는 명확한 목표를 설정하는 것과 더불어 전반적으로 단순해지기 위해 노력해야 한다. 실행력이 있는 리더는 단순하고 직접적으로 말한다는 사실에 주목해야 한다. 단도직입적으로 자신의 생각을 말하는 것이다. 그들은 구성원이 쉽게 이해하고 파악한 후 따를 수 있도록 업무를 단순화하는 방법을 알기 때문에 누구나 그들의 말을 쉽게 이해한다.'

래리 보시디와 램 차란의 설명에 따르면 실행은 '현실적인 전략을 세우고, 목표에 맞는 적임자를 배정하고, 계획한 결과를 달성하며, 인력 프로세스와 전략을 연계하고, 운영 계획에 협력하여 프로젝트를 적시에 완수하기 위한 행동 체계'이다.

💬 프로젝트 관리를 위한 OPPM

우리는 신고경영상을 수상하기 위해 노력하는 과정에서 OPPM을 전략 전개에 활용한 적이 있다. OPPM과 간결한 업무 실행 원칙인 '린Lean'을 결합해 성공을 거뒀던 다음 이야기를 살펴보자.

'유타주 솔트레이크 시티에서 있었던 어느 결혼식이었다. 유난히 따뜻한 겨울

아침에 구름이 걷히며 햇빛이 환하게 비추고 있었다. 나와 아내 메러디스는 에스코트를 받는 신랑과 신부, 그들의 가족, 이어지는 결혼식 그리고 노련한 사진사가 자세를 잡아 주는 모습을 바라보고 있었다. 그날의 주인공인 아름다운 신부였던 대학 동창의 딸은 일생에서 가장 행복한 순간을 만끽하고 있었다.

메러디스의 시선은 신부의 여동생에게 향했고, 나는 신부의 삼촌을 눈여겨보고 있었다. 결혼식에 참석하기 위해 먼 거리를 온 신부의 삼촌 스티븐 벡스테드Stephen M. Beckstead 박사는 제조업의 우수성을 평가하여 시상하는 신고경영상협회의 임원이었다. 그리고 내가 근무하고 있는 태너 사는 신고경영상의 수상 자격을 갖추기 위해 노력하고 있었다. 사진을 찍기 위해 준비하는 시간에 스티븐 박사와 얘기할 기회가 생겼다. 나는 태너 사가 신고경영상을 받을 자격이 되는지 허심탄회하게 의견을 나누었다.

1927년, 자신의 이름을 따서 세운 태너 사의 설립자인 오버트 태너Obert Tanner가 한결같이 추구하던 것은 품질이었다. 그래서 1980년에는 정식으로 품질 관리 부서를 만들고, 매트릭스와 검증된 프로세스로 도움을 받기 위해 최초로 외부 컨설턴트까지 고용했다.

1996년에 나는 품질 관리 부사장이 되었다. 나는 품질 향상을 위해 애쓰는 동시에 제조 부서의 부사장인 해럴드 시몬스Harold Simons와 협력하여 린 원칙과 실천을 생산 시설에 접목하려고 했다.

결혼식에서 나와 스티븐 박사가 대화를 나눈 때는 1999년 1월 2일이었다. 당시 태너 사는 제조 과정의 낭비를 없애고, 도요타 생산 방식을 적용해서 린 원칙과 실천을 작업 과정에 도입하려고 몇 년 전부터 노력하고 있었다. 분명히 회사는 많이 발전했다. 하지만 그것으로 충분했을지, 과연 신고경영상을 노려볼 시간이 된 것인지 궁금했다.

세세한 질문들을 하고 나서 스티븐 박사는 공장을 방문해 고강도 평가를 해보겠다고 했다. 그는 즉각 찾아와서 공장을 둘러본 후 긍정적인 평가를 해 주었다. 그 덕분에 나는 신고경영상에 지원을 해야겠다고 결심했다. 하지만 해럴드는 아직 달성해야 할 과업이 많다며 회의적인 마음을 내비쳤다. 게다가 마케팅 팀장은 경쟁사보다 심각하지는 않았지만, 당시 품질 수준에 몇 가지 문제가 있어 수상이 불가능할 것이라고 우려했다. 이러한 우려를 뒤로하고 경영진은 신고경영상에 지원해 보자는 결정을 내렸다.

운영위원회의 일원이었던 나는 회사의 동료들에게 접근해 실질적인 지원 자격을 갖추기 위한 팀을 꾸리자고 제안했다. 하지만 이미 여러 부서가 역량 밖의 업무에 시달리고 있었고, 우리 회사가 상을 받을 수 있을지에 대한 충분한 확신도 없었다. 그래서인지 재능 있는 리더가 많았음에도 전면에 나서려는 사람이 없었다. 더욱이 지원자를 모집하기 위한 기간도 매우 짧았다.

하지만 그 이후 벌어진 일은 놀라웠다. 신고경영상을 위한 지원 업무에 관심이 있는 사람은 누구나 자원할 수 있도록 팀원의 범위를 확장했다. 그리고 그 업무가 한 달 정도 소요되는 프로젝트이며, 매일 저녁 5시부터 자정까지 지원 업무를 하게 될 것이라고 간단명료하게 알려 주었다. 그러자 반응이 몹시 뜨거웠다. 필요한 능력을 모두 갖춘 완전한 팀이 구성된 것이다.

그렇게 구성된 팀은 수년 전부터 기울인 노력과 결과를 조사해 자료를 모아 지원서를 완성했다. 세 명으로 구성된 신고상 심사위원단이 우리의 지원서를 세심하게 검토하고 나서 현장을 광범위하게 방문하여 검증하고 분석했다. 몇 주 후, 회사는 우리의 '도전'이 실제로 성공해서 제조업 우수 분야에서 신고경영상을 수상했다는 통고를 받았다.

수상 이후 나는 신고경영상협회의 이사가 되었다. 이사 임기를 마친 후, 이 글을 쓰고 있는 현재 해럴드가 내 후임으로 이사 역할을 하고 있다. 해럴드는 린 원칙을 연구하는 것은 물론 도요타 생산 방식을 린 사고와 OPPM/A3에 결합해 조직 운영에 적용하면서 많은 경험을 쌓아가고 있다. 그는 제조 분야에서 린 원칙을 활용하도록 열정적으로 추진하며 기업 전반에 적용하기 위해 힘쓴다. 해럴드는 태너 사에서 린 원칙을 운영하면서 직원 4명을 치밀하게 훈련하여 신고 협회의 심사위원직에 자원하도록 지도했다.

잠시 화제를 바꾸어, 아내 메러디스는 원하는 결과를 얻기 위해 어떤 노력을 했는지 얘기해 볼까 한다. 아내는 신부의 여동생 제니에게 다가가 우리 아들 자브와 만나보지 않겠느냐고 말했다.

언니들의 반대를 좀 받기는 했지만, 제니는 자브와 다른 도시에서 대학 생활을 하면서 전화 데이트를 했다. 우리의 화두인 실행과 관련해 얘기하자면 제니와 자브는 만난 지 3개월 후 약혼을 했고, 그 후 4개월이 지나서 결혼했다. 이 글을 쓰고 있는 현재 이 부부는 행복한 가정을 꾸리며 넷째 아이를 맞이했다.'

현재 린 원칙에 정통한 태너 사는 린 경영에 전념하고 있다. 하지만 늘 경계를 늦추지 않는 켄트 머독은 단 하나의 '경영 원칙'에 강박적으로 몰두하면 어떤 위험에 빠질 수 있는지 경고했다. 그는 각각의 경영 원칙 사이에서 올바른 균형을 찾고 제대로 적용할 수 있을 때까지 '각고의 노력을 기울이라'고 요구했다.

여러 상황을 자연스럽게 융합하는 거의 확실하고 절대적인 방법은 OPPM을 사용하여 전략을 실행하는 것이다. OPPM을 사용하다 보면 더욱 활발하게 린 사고를 하게 된다. 이 도구는 프로젝트와 관련한 의사소통 프로세스에서 불필요한 요소(도요타에서는 뮤다muda라고 부른다.)를 제거하는 린 자체이다. 그래서 OPPM은 태너 사가 린 경영을 추구하고 다양한 전략적 원칙을 적절하게 혼합하기 위한 필수 도구가 되었다. 이를 위해 우리는 기존에 사용하던 로버트 캐플란의 전략 맵Strategy Map과 균형성과표 Balanced Scorecard에 OPPM을 적절하게 결합했다.

마이크와 나는 이러한 강력한 방식을 업무에 적극적으로 활용했다. 동시에 마이크는 대학교에서 학생들에게 린 원칙을 계속 가르쳤고, 나는 강연을 더욱 자주 다니며 OPPM을 전파했다.

앞서 언급했듯이 마이크가 OPPM을 도요타의 린 원칙과 한 장의 'A3 보고서'에 적용하는 방법을 처음으로 생각해냈다. 그는 이 도구들을 통합하여 크고 작은 수백 개의 프로젝트에 적용해 추진했다. 그에 덧붙여 우리는 자체적인 균형성과표를 고안해서 회사의 전략 맵에 연계했다. 그리고 프로젝트 관리 오피스 조직project management office을 통해 프로젝트의 우선순위를 정하고, 그에 따른 성과 매트릭스를 조정했다. 그러자 일의 명료함이 분명하게 드러났다. 모든 직원이 올바른 업무 수행을 하는 데 점점 더 익숙해져서 프로젝트에 참여하고 전념하게 되었다. 전략이 실행되고 있었던 것이다.

우리 회사에서 OPPM을 활용하며 전략 실행을 구현해 나가는 동안 개인, 기업, 심지어 세계 전역의 정부 기관들이 원페이지 프로젝트 매니저 홈페이지(www.onepageprojectmanager.com)에서 OPPM 서식을 다운로드한 횟수가 수십만 건에 이른다. 딸의 결혼을 계획하는 어머니부터 캘리포니아 새러토가의 베이비부머 세대 어머니, 아부다비의 프로그램 관리자, 스페인 마드리드의 프로젝트 관리자, 보스턴의 거대 컨설팅 회사의 업무 집행 사원, 책상에 쉴 새 없이 날아드는 프로젝트를 진행해야 하는 대학 총장, 중국 베이징의 CEO, 중국 · 인도 · 남미 · 유럽 등 세계 각지에 FDA 지사를 운영하여 광범위한 시스템을 사용하는 미국 정부에 이르기까지 전략을 실행해야 하는 모두에게 OPPM은 매우 유용한 도구로 활용되고 있다.

이 책은 프로젝트의 전략 추진에서 OPPM/A3를 어떻게 활용할 수 있는지 다양한 사례를 들어 소개한다. 이를 통해 린 원칙이 개선하는 과정을 보여 주고, 도요타 생산 방식의 핵심 요소에 의해 의사소통하는 방법을 설명한다. 또한, 당신의 전략을 실행하기 위해 팀원의 참여를 유도하는 검증된 방법을 제시할 것이다.

단 한 장으로 이루는 최고의 효율과 성과

02

OPPM이란 무엇인가?

이번 장에서는 OPPM 작성법을 누구나 쉽게 이해할 수 있게 간략하게 요약했다. 관련 도서나 자료를 더 찾아보며 공부해도 좋지만, 이번 장만 읽어도 OPPM의 기본 원리를 이해하여 업무에 바로 적용하는 데 무리가 없다.

💬 효과적인 의사소통 도구 OPPM

사장이 당신에게 프로젝트 보고서를 한시라도 빨리 제출하기를 지시했다고 가정하자. 그리고 보고서를 통해 다음 정보를 사장에게 보고해야 한다. 프로젝트의 현황과 진척 상황은 어떤지, 지연된 일정은 무엇인지, 주요 과업들의 담당자들은 누구인지, 예산에 맞게 수행되고 있는지, 목표에 잘 도달하고 있는지, 갑자기 불거진 심각한 문제는 무엇인지, 현재 상황으로 볼 때 프로젝트가 잘 진척되고 있는지, 향후 3개월의 상황은 어떠할지 등에 대한 정보를 보고서에 모두 담아 최대한 빨리 제출해야 한다.

대부분 '어우, 보통 일이 아닌데!'라고 생각할 것이다. 그 수많은 정보를 모아 보고서다운 보고서를 작성하려면, 당신과 팀원은 야근을 피할 수 없을 거다.

보고서를 작성하는 일은 프로젝트 진행과 직접적인 관련이 없기 때문에 괜한 시간만 낭비하고 프로젝트 업무에 지장을 줄 수도 있다. 게다가 아무리 잘 작성해서 제출한다 해도 정보가 빼곡한 보고서를 몹시 바쁜 사장이 제대로 읽어보지도 못할 게 뻔하다.

나는 다양한 프로젝트를 진행하고 나서야 깨달았다. 최소한의 시간으로 정보를 모으고, 간략한 보고서를 작성해서 고위 경영진이 알고 싶어 하는 정보를 쉽게 이해할 수 있도록 전달하는 것은 꼭 필요한 부분이고 극복해야 할 문제라는 것을 말이다. 이것이 OPPM을 만든 계기가 되었다.

OPPM은 프로젝트를 이해해야 할 당사자들이 꼭 알아야 할 핵심 정보를 쉽게 이해하고 집계할 수 있는 형식으로 전달해 준다. 이 도구는 프로젝트 관리자들이 기존에 사용하고 있던 평범한 의사소통 도구가 아니었다. OPPM의 최우선 목적은 이 도구를 활용해 프로젝트에 참여하지 않는 회사 안팎의 사람들과도 프로젝트의 상황에 대해 의사소통하는 것이었다.

프로젝트마다 직접 참여하지는 않더라도 현황에 깊은 관심을 가진 지지층은 있게 마련인데, 그들과 효과적으로 의사소통하는 방법을 알고 있는 프로젝트 관리자는 몇 안 된다. 이 지지층에는 프로젝트의 결과 등에 간접적인 관련이 있는 이사, 간부, 공급업자, 고객, 상급자 등이 포함된다. 그들은 자신의 관심을 사로잡는 방식으로 프로젝트의 진행 상황을 듣고 싶어 하지만, 아주 세세한 분석을 제시하는 장황한 보고서를 읽으며 시간을 낭비하고 싶어 하지는 않는다. 그렇다고 내용이 빈약할 정도로 너무 간단하거나 허울뿐인 의사소통 역시 원하지 않는다. 이러한 의사소통은 보고서가 제시하는 답변보다 더 많은 질문을 유발할 뿐이다. 그들은 의

문에 답해줄 만한 충분한 정보를 들으려고 한다. 하지만 보고 내용과 수치에 파묻힐 정도의 너무 많은 정보는 기피한다.

OPPM은 읽기 쉬운 형식으로, 그들의 필요와 바람 사이에서 명쾌하게 균형을 잡아 주면서 폭넓은 질문에 답변을 제시한다. 과연 효과적인 의사소통 도구라 불릴 만하다.

💬 시각적 정보를 제공하는 OPPM

OPPM은 기호와 색상이 들어간 이해하기 쉬운 그림을 활용해 시각적으로 프로젝트의 진척 상황을 보여 준다. 또한, OPPM의 기능 중에는 프로젝트의 주요 요소를 연계하는 기능도 있다. 예를 들어, 프로젝트의 각 과업마다 담당자와 그들의 업무 마감 일정, 처리해야 할 문제가 보고서 상에서 연계되어 있다. 그래서 고위 간부는 각 업무의 책임자가 누구인지, 얼마나 진척되고 있는지 즉각 파악할 수 있다.

계획 이상으로 뛰어난 성과가 이루어지면 OPPM에 나타나기 때문에 경영진과 프로젝트 참여자 모두 누가 그 일을 책임지고 있으며, 누가 보상을 받아야 하는지 바로 확인할 수 있다. 잘 진행되고 있는 프로젝트의 상황은 초록색 막대그래프 또는 동그라미를 그려 그림으로 나타낸다. 시간이 지연되거나 예산을 초과하는 상황은 선명한 빨간색으로 강조한다. 애매한 상황이 존재하면 노란색을 사용한다. 이렇게 색상을 사용한 OPPM을 통해 시각적으로 명확하게 정보를 전달하면 경영진은 프로젝트가 잘 수행되고 있는지, 난관은 없는지 신속하게 파악하고 의문이 드는 지점을 쉽게 찾을 수 있다.

OPPM에 배치된 정보 자체가 보고서에 담긴 내용을 시각적으로 명확하게 보여 준다. 일정, 책임 소재, 예산, 과업, 목표 등의 관련성이 OPPM에 고스란히 담겨 있기 때문에 서로 연계된 업무는 마치 현장에서 직접 파악하는 것처럼 느껴진다. 그래프로 생생하게 보여 주는 OPPM을 검토하면, 프로젝트의 중요한 상황들을 재빨리 연계하여 확인할 수 있다.

효율적이고 효과적으로 프로젝트를 관리하기 위해서는 세부 사항을 어느 정도 적절하게 다루어야 한다. 하지만 관리자는 세세한 계획을 너무 많이 세우는 것은 피해야 한다. 흔히 계획을 더 치밀하게 세우기 위해 세부 사항을 늘어놓으면, 그러한 세부 계획에 얽매여 실행이 지연되기 쉽다. 세부 계획을 쫓아가다 보면 중요한 사항을 놓쳐 관리 프로세스가 비효율적으로 운영된다. 결국 프로젝트는 삐걱거리다 실패하고 만다. 다시 한번 강조하면, 보고서는 실행 가능한 만큼 단순해야 한다.

통상적인 기준과 달리 OPPM의 강점 중 한 가지는 '정밀함의 부재 Absence of precision'를 적정 수준으로 유지한다는 점이다. 예를 들어, 프로젝트에 깊이 참여한 사람은 프로젝트를 실행하는 주요 장비의 상태가 어떤지 알고 싶을 것이다. 이를테면, 그 장비가 제조되었는지, 운송되고 있는지, 현재 배송 위치는 어디인지 세부 사항을 궁금해 한다. 하지만 경영진이 알고 싶은 정보는 단 한 가지, 그 장비가 기한 내 도착할지 못할지에 대한 것뿐이다. 그 외의 세부 정보는 관심 밖의 문제다. 그런 내용을 전혀 알고 싶어 하지 않는다. 이것이 정밀함의 부재가 필요한 이유다. 그러니 보고서에 세부 사항을 일일이 나열해서는 안 된다.

OPPM을 작성하는 구체적인 단계를 설명하기 전에 이 도구의 최대 강점 한 가지를 명확하게 밝히고자 한다. OPPM은 거의 모든 프로젝트에 활용할 수 있는 의사소통 도구라는 사실이다. OPPM을 다양한 프로젝트에 적용할 때는 필요한 부분을 수정하여 사용하면 되는데 이때 기본적인 뼈대는 놀라울 정도로 일관성을 유지해야 한다. OPPM을 도요타의 A3와 함께 사용하면, 전략 추진뿐만 아니라 문제를 해결하는 강력한 도구가 된다. 이 점은 나중에 좀 더 살펴보도록 하자.

유타주 솔트레이크시티에 있는 태너 사에 근무하면서 우리는 OPPM과 A3가 결합된 보고서를 전략 맵 및 균형성과표와 함께 활용했다. IT 프로젝트를 비롯한 전반적인 프로젝트에 OPPM를 A3와 연계하여 전략 전개를 실시해 보니 효과가 극대화됐다.

계획이 제대로 수립되지 않을 때 또는 지나친 세부 계획이 세워질 때 OPPM은 올바른 방향을 제시한다. 계획은 단지 시작에 불과하며 목표를 위한 수단이지 목표 자체가 아니다. OPPM을 통해 적절한 방향만 잡으면, 프로젝트는 순항할 수 있다.

한편, OPPM에서는 모든 프로젝트의 담당자가 쉽게 식별되기 때문에 이 도구로 프로젝트를 모니터링하면 담당자가 숨을 곳이 없다. 그래프와 색상으로 서로 연계된 시각적 정보를 제공하기 때문에 과업의 책임자와 성과 수준이 명확하게 드러난다. 경영진은 한 장의 보고서만 얼핏 봐도 누가 과업을 잘 수행하고 있고, 누가 자신의 역할을 제대로 못하고 있는지 즉각 파악할 수 있다.

그래서 이 시각화 도구는 경영진이 프로젝트의 진척 상황과 책임자를 훨씬 쉽게 알아볼 수 있게 해줄 뿐만 아니라 담당자에게 강력한 동기 부여까지 한다. 과업의 담당자는 경영진이 자신의 역할과 성과를 언제나 신속하게 볼 수 있다는 사실을 알고 있기 때문이다.

💬 프로젝트와 OPPM의 다섯 가지 필수 요소

OPPM은 당신이 기존에 사용하던 도구를 완전히 대체하지는 않는다. 단지 당신이 사용하고 있는 도구를 확대하는 것이다. 사실 OPPM이 새로운 정보를 제공하는 것은 아니다. 이 도구가 특별한 이유는 기존의 정보를 활용하고 검토하기 쉬운 형식으로 만들어 주기 때문이다. 이는 절대 사소한 차이가 아니다. 정보를 이해하기 쉬운 새로운 형식의 보고서로 전달함으로써 경영진은 정보를 제대로 인식하고, 프로젝트 참여자는 더 강력한 동기 부여를 받게 된다.

　모든 프로젝트에는 다섯 가지의 필수 요소가 있다. 당연히 OPPM에도 똑같은 필수 요소가 들어있다. 우리는 이 요소를 토대로 OPPM의 구조를 만들었다. 이 요소들이 있어야 프로젝트가 탄생하며, 이 다섯 가지 요소는 프로젝트와 떼려야 뗄 수 없는 관계다.

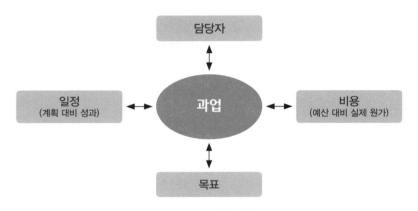

그림 2.1 **프로젝트의 다섯 가지 필수 요소**

1. 과업 '어떻게' - 과업은 프로젝트의 중심으로 목표를 이루기 위해 반드시 달성해야 한다. 프로젝트의 기본 구성 요소이며 업무의 구체적 사항이다.
2. 목표 '무엇을 왜' - 목표는 프로젝트를 통해 당신이 추구하는 비전에 해당한다. 목표의 범위는 포괄적일 수도 있고 구체적일 수도 있다.
3. 일정 '언제' - 일정은 업무 수행 완수가 예상되는 시점과 실제 종료 시점을 나타낸다. 일정은 탄력적으로 조정할 수 있다. 예를 들어, 프로젝트의 규모가 확장되면 예산을 포함한 일정 역시 늘어날 것이다.

4. 비용 '얼마나' – 프로젝트 비용에는 컨설팅 비용이나 기계 구입 비용 등의 '경성hard' 비용과 프로젝트에 투입된 내부 직원의 임금 등의 '연성soft' 비용이 포함된다. 비용의 회계 처리는 복잡하기 때문에 회계 전문가를 투입해야 한다.

5. 담당자 '누가' – 과업을 책임지는 사람으로, 꼭 필요한 요소이다. OPPM을 통해 경영진은 어떤 과업을 누가 담당하는지 명확하게 알 수 있다. 책임 소재가 분명해지면, 누가 뛰어난 업무 성과로 포상을 받을만한지, 누가 도움이 필요한지 명확해진다.

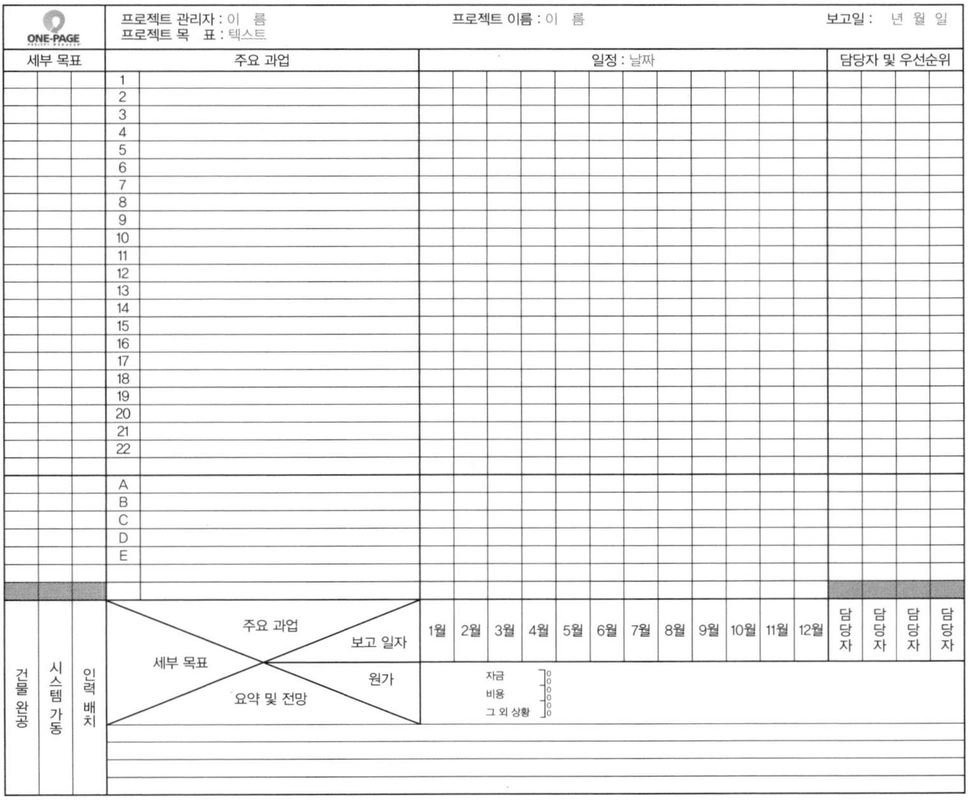

| ONE-PAGE | 프로젝트 관리자 : 이 름
프로젝트 목 표 : 텍스트 | | 프로젝트 이름 : 이 름 | | 보고일 : 년 월 일 |

(그림 2.2 OPPM 기본 서식)

그림 2.2 **OPPM 기본 서식**

💬 OPPM 작성의 12단계

프로젝트 관리자는 담당자와 함께 OPPM을 작성하고 관리하며 그것에 맞춰 업무를 추진해야 한다. OPPM을 작성하고 업데이트하는 일에는 팀 전체의 노력이 필수적이다. 대개 담당자가 그 일을 맡아서 하지만 프로젝트 관리자가 팀원과 의견을 조율해야 할 때도 있다. 어쨌든 팀원의 전폭적인 지원과 노력을 반드시 끌어내야 한다. 지금부터 OPPM을 작성하는 12단계를 살펴보자.

ONE-PAGE

프로젝트 관리자 : 클라크 캠벨	프로젝트 이름 : 자동화 물류 센터(ADC)	보고일 : 1994년 1월 12일
프로젝트 목 표 : 배송의 리엔지니어링-투자수익률 ROI 30%		

세부 목표		#	주요 과업	일정	담당자 및 우선순위
○		1	계약 체결	○○	A
○		2	부지 철거	○○	A B
	○	3	시스템 소프트웨어 설계	○○○○	B A
	○	4	컴퓨터 하드웨어 사양 결정	○○	A
	○	5	워크스테이션 설계	○○○○○	B C A
○		6	주차 설비 및 조경	○○○	A B
○		7	기반 공사	○○○	A
○		8	골조 공사	○○○	A
○		9	지붕 공사	○○	A
○		10	바닥재 마감	○○	A C B
○		11	외장 및 유리	○○	A B
	○	12	컴퓨터 하드웨어 설치	○○	B A C
○ ○		13	선반 설치	○○	B A B
○ ○		14	자동 크레인 설치	○○	B A B
○ ○		15	컨베이어 설치	○○○○	B A B
	○	16	소프트웨어 설계 및 설치	○○○○	B A B
	○	17	신규 시스템 및 성과 목표에 대한 직원 교육	○○○	A C B
○		18	메자닌 바닥 공사	○○○○○	A B
	○	19	작업 공간 및 가구	○○○○○○	B B A
	○	20	인력 이동	○	A B
	○	21	재고품 이전	○○	A B B
	○	22	직원 배치	○	B A
○		A	내부 소프트웨어 운영		A B
○		B	외부 소프트웨어 운영		B A
○		C	통합 소프트웨어 운영		B A B
○ ○ ○		D	완전한 통합 운영		B A A
○ ○ ○		E	기한 고수		A A A

건물완공	시스템가동	인력배치	주요 과업 / 세부 목표 / 요약 및 전망 ⨯ 보고 일자 / 원가	1월	2월	3월	4월	5월	6월	7월	8월	9월	10월	11월	12월	데니스	웨인	클라우스	데이브

건물 600만 달러
시스템 300만 달러
인력 50만 달러

ADC 프로젝트는 1995년 1월 1일에 착수하여 1995년 12월 31일에 달성 예정임.
1,000만 달러의 비용과 ROI 30% 달성이 예상됨.

그림 2.3 OPPM 작성 12단계 중 1단계

▶▶1단계 - 표제

보고서의 최상단에 있는 칸으로 프로젝트 이름, 프로젝트 관리자, 프로젝트 목표, 보고일을 기록한다.

프로젝트 이름을 정하는 일은 심사숙고해야 한다. 프로젝트의 시작부터 끝까지 그리고 그 이후에도 사람들은 프로젝트 이름을 거론하며 관련 업무에 대해 의사소통을 하기 때문이다. 팀이 완전히 갖춰질 때까지 프로젝트 이름의 결정을 유보하는 것도 한 가지 방법이다. 프로젝트 관리자는 최종 담당자이며, 어떤 프로젝트이든 관리자는 단 한 명이어야 한다. 또한, 외부 고문이나 컨설턴트가 아닌 회사의 정식 직원이 관리자가 되어야 한다.

프로젝트 목표는 일반적으로 처음에 프로젝트를 맡긴 사람이 프로젝트 관리자에게 제시한다. 관리자가 목표를 전달받지 못했다면, 프로젝트를 맡긴 사람을 찾아가 목표가 무엇인지 명확하게 확인해야 한다. 목표에는 프로젝트를 실행하는 이유가 무엇인지, 프로젝트를 통해 무엇을 얻고자 하는지 분명히 담겨 있어야 한다.

표제 영역을 기재하는 단계에서 프로젝트를 달성할 예상 날짜를 설정한다. 그러면 11단계까지 작성해 나가면서 팀원은 목표 일정을 맞추기 위한 조정을 해나갈 것이다.

프로젝트 관리자가 프로젝트 임무를 맡긴 경영진과 함께 표제 영역을 작성할 때 프로젝트의 3대 제약인 비용, 범위, 일정 가운데 우선순위를 논의해야 한다. 프로젝트 관리자는 프로젝트를 추진하면서 트레이드오프 trade off(두 개의 목표 가운데 하나를 달성하려면 다른 목표에 차질이 생기는 양자 간의 관계)에 대한 결정을 내릴 수 있는데, 이때 제약 요소의 관리 순서가 트레이드오프를 판단하는 중요한 지침이 된다.

▶▶ 2단계 – 담당자

이제부터 당신이 프로젝트 관리자라고 생각하고 이야기를 시작하겠다. 당신이 취할 다음 단계는 팀원을 지정하는 일이다. 즉 프로젝트의 주요 요소를 관리할 사람을 임명하는 것이다. 그들의 성과에 따라 프로젝트의 성공이 크게 좌우된다. 그들이 바로 과업 담당자에 해당한다. 담당자의 수는 최소한으로 유지해야 하며, 경험상 3, 4명 정도가 적절하다. 대규모 프로젝트라면 OPPM이 여러 개 존재할 수 있으며, 각 OPPM마다 자체적인 담당자가 있다.

	주요 과업	데니스	웨인	클라우스	데이브
1	계약 체결	A			
2	부지 철거	A	B		
3	시스템 소프트웨어 설계		B	A	B
4	컴퓨터 하드웨어 사양 결정			A	
5	워크스테이션 설계	B	C		A
6	주차 설비 및 조경	A			B
7	기반 공사	A			
8	골조 공사	A			
9	지붕 공사	A			
10	바닥재 마감	A	C		B
11	외장 및 유리	A			B
12	컴퓨터 하드웨어 설치		B	A	C
13	선반 설치	B	A		B
14	자동 크레인 설치	B	A	B	B
15	컨베이어 설치	B	A	B	B
16	소프트웨어 설계 및 설치	B	A	B	
17	신규 시스템 및 성과 목표에 대한 직원 교육	A	C	B	
18	메자닌 바닥 공사	A	B		
19	작업 공간 및 가구	B	B	A	
20	인력 이동		B		A
21	재고품 이전	A	B	B	
22	직원 배치	B			A
A	내부 소프트웨어 운영			A	B
B	외부 소프트웨어 운영		B	A	
C	통합 소프트웨어 운영		B	A	B
D	완전한 통합 운영	A	A		B
E	기한 고수	A	A	A	A

세부 목표: 건물 완공 · 시스템 가동 · 인력 배치

일정: 1월 2월 3월 4월 5월 6월 7월 8월 9월 10월 11월 12월

원가: 인력 50만 달러 · 시스템 300만 달러 · 건물 600만 달러

ADC 프로젝트는 1995년 1월 1일에 착수하여 1995년 12월 31일에 달성할 예정임.
1,000만 달러의 비용과 ROI 30% 달성이 예상됨.

그림 2.4 OPPM 작성 12단계 중 2단계

▶▶ 3단계 – 매트릭스(OPPM의 토대)

매트릭스는 OPPM에 나타나는 프로젝트의 중심점이라고 생각하면 된다. 이를 테면 프로젝트에 착수하고 종료할 때까지 방향을 제시하는 나침판이라고 할 수 있다. 매트릭스는 OPPM의 토대이자, 프로젝트의 모든 핵심 요소를 연결하고 당신이 프로젝트의 관계자들과 의사소통할 수 있게 돕는다.

매트릭스는 전체적인 OPPM을 작성할 때 자연스럽게 도출된다. 이 단계에서 프로젝트 관리자인 당신이 할 일은 프로젝트의 개요를 팀원에게 설명하고 추진 방

ONE-PAGE

프로젝트 관리자 : 클라크 캠벨 　　프로젝트 이름 : 자동화 물류 센터(ADC) 　　보고일 : 1994년 1월 12일
프로젝트 목　표 : 배송의 리엔지니어링-투자수익률 ROI 30%

세부 목표				주요 과업	일정	담당자 및 우선순위
○			1	계약 체결	○○	A
○			2	부지 철거	○○	A B
	○		3	시스템 소프트웨어 설계	○○○	A B A B
	○		4	컴퓨터 하드웨어 사양 결정	○○○	A
		○	5	워크스테이션 설계	○○○○	B C A
○			6	주차 설비 및 조경	○○	A B
○			7	기반 공사	○○	A
○			8	골조 공사	○○	A
○			9	지붕 공사	○○	A
○			10	바닥재 마감	○○	A C B
○			11	외장 및 유리	○○	A B
	○		12	컴퓨터 하드웨어 설치	○	B A C
○	○		13	선반 설치	○	B A
○	○		14	자동 크레인 설치	○	B A B B
○	○		15	컨베이어 설치	○	B A B B
	○		16	소프트웨어 설계 및 설치	○○○○	B A B
		○	17	신규 시스템 및 성과 목표에 대한 직원 교육	○○○	A C A
○			18	메자닌 바닥 공사	○○	A B
	○		19	작업 공간 및 가구	○	B A
	○		20	인력 이동	○	B A
	○		21	재고품 이전	○○	A B A
	○		22	직원 배치	○○○	B A
	○		A	내부 소프트웨어 운영		A B
	○		B	외부 소프트웨어 운영		B A
	○		C	통합 소프트웨어 운영		B A B
○	○		D	완전한 통합 운영		B A B A
○	○	○	E	기한 고수		A A A A

세부 목표 (좌측 세로) : 건물 완공 / 시스템 가동 / 인력 배치

매트릭스 다이어그램: 주요 과업 · 보고 일자 · 세부 목표 · 요약 및 전망 · 원가

	1월	2월	3월	4월	5월	6월	7월	8월	9월	10월	11월	12월	데니스	웨인	클라우스	데이브

건물 600만 달러
시스템 300만 달러
인력 50만 달러

ADC 프로젝트는 1995년 1월 1일에 착수하여 1995년 12월 31일에 달성 예정임.
1,000만 달러의 비용과 ROI 30% 달성이 예상됨.

그림 2.5 OPPM 작성 12단계 중 3단계

법을 논의하는 것이다. 또한, 목표, 주요 과업, 목표 날짜, 예산 등 매트릭스의 조각들을 철저하게 검토해야 한다. 매트릭스를 구심점으로 삼아 OPPM의 기본 토대를 팀원에게 전달해야 한다. 프로젝트의 기본 중의 기본을 팀원에게 가르쳐야 한다는 사실이 납득되지 않을지도 모르지만 반드시 필요한 일이다.

▶▶4단계 – 프로젝트 목표

팀이 움직일 준비가 됐다면, 이제 프로젝트를 세분화하여 표제 영역에 기술한

프로젝트 관리자 : 클라크 캠벨	프로젝트 이름 : 자동화 물류 센터(ADC)	보고일 : 1994년 1월 12일
프로젝트 목표 : 배송의 리엔지니어링–투자수익률 ROI 30%		

세부 목표	번호	주요 과업	일정	담당자 및 우선순위
○	1	계약 체결		A
○	2	부지 철거		A B
○	3	시스템 소프트웨어 설계		B A B
○	4	컴퓨터 하드웨어 사양 결정		A
○	5	워크스테이션 설계		B C A
○	6	주차 설비 및 조경		A B
○	7	기반 공사		A
○	8	골조 공사		A
○	9	지붕 공사		A
○	10	바닥재 마감		A C B
○	11	외장 및 유리		A B
○	12	컴퓨터 하드웨어 설치		B A C
○	13	선반 설치		B A
○	14	자동 크레인 설치		B A B
○	15	컨베이어 설치		B A B
○	16	소프트웨어 설계 및 설치		B A B
○	17	신규 시스템 및 성과 목표에 대한 직원 교육		A C B
○	18	메자닌 바닥 공사		A B
○	19	작업 공간 및 가구		B B A
○	20	인력 이동		B A
○	21	재고품 이전		A B B
○	22	직원 배치		B A
○	A	내부 소프트웨어 운영		A B
○	B	외부 소프트웨어 운영		B A
○	C	통합 소프트웨어 운영		B A B
○	D	완전한 통합 운영		B A B
○	E	기한 고수		A A A A

건물 완공	시스템 가동	인력 배치	주요 과업 / 세부 목표 / 요약 및 전망	보고 일자 / 원가	1월 2월 3월 4월 5월 6월 7월 8월 9월 10월 11월 12월	데니스	웨인	클라우스	데이브

인력 50만 달러
시스템 300만 달러
건물 600만 달러

ADC 프로젝트는 1995년 1월 1일에 착수하여 1995년 12월 31일에 달성 예정임.
1,000만 달러의 비용과 ROI 30% 달성이 예상됨.

그림 2.6 OPPM 작성 12단계 중 4단계

주요 목표를 달성하기 위해서 세부 목표들을 세워야 한다. 세부 목표는 OPPM의 좌측 하단 직사각형에 표시된다. 이때 세부 목표가 3~4개를 넘으면 안 된다. 〈그림 2.6〉에서 보면 알 수 있듯이, 1000만 달러 규모의 물류 센터 프로젝트를 추진하기 위한 세 가지 세부 목표는 건물 완공, 물류 센터 시스템 가동, 센터를 운영할 직원 고용·훈련·배치였다.

세부 목표를 계획하려면 다음 질문을 고려해야 한다. 여러 가지 세부 목표를 이루는 데 얼마나 많은 시간이 필요한지, 어떤 자원(자금, 인력 등)이 필요한지, 프로젝트의 범위(최종 실현 상태)는 어디까지인지 등의 문제를 생각해야 한다. 그렇게 해야 과업의 윤곽을 잡으면서 각 세부 목표에 맞는 업무를 공평하게 배정할 수 있다. 그래서 무엇보다 세부 목표를 '스마트 즉, SMART(간결성Simple, 측정 가능성Measurable, 실행 가능성Attainable, 적절성Relevant, 적시성Time)' 하게 세워야 한다.

▶▶ 5단계 - 주요 과업

〈그림 2.7〉에서처럼 OPPM의 좌측에는 주요 과업을 작성한다. 규모가 큰 프로젝트는 주요 과업을 여러 개의 소규모 프로젝트로 나눠 최종 목표에 맞게 조정하면서 진행한다. 최상위 단계의 OPPM에 각 프로젝트의 과업, 이를 테면 하청 업체와 계약 체결, 시스템 설계, 건물 기반 공사 등을 기록한다. 이 과업들은 진척 상황을 확인해 OPPM에 기록할 수 있도록 측정 가능해야 한다. 각 과업에 최소한 한 명의 담당자를 배정하며, 담당자는 과업에 대해 팀원의 동의를 받아야 한다. 그리고 가능한 한 담당자의 강점에 맞는 과업을 맡겨야 한다.

프로젝트 기간 동안, 보고 주기마다 평균 2~3개의 과업을 배정한다. 프로젝트가 12개월 동안 진행된다면 30개 정도의 과업이 적당하다. 대부분 프로젝트에서는 월별 목표가 설정된다. 한 달 만에 끝나는 과업이 있는가 하면, 어떤 과업은 프로젝트가 끝날 때까지 지속하기도 한다. 이러한 과업을 추진하면서 별도의 OPPM 이나 마이크로소프트 프로젝트, 프리마베라 차트도 활용할 수 있다.

ONE-PAGE	프로젝트 관리자 : 클라크 캠벨			프로젝트 이름 : 자동화 물류 센터(ADC)			보고일 : 1994년 1월 12일
	프로젝트 목 표 : 배송의 리엔지니어링-투자수익률 ROI 30%						

세부 목표					주요 과업	일정 (1~12)	담당자 및 우선순위
○				1	계약 체결		A
○				2	부지 철거		A B
		○		3	시스템 소프트웨어 설계		B A B
		○		4	컴퓨터 하드웨어 사양 결정		A
			○	5	워크스테이션 설계		B C A
○				6	주차 설비 및 조경		A
○				7	기반 공사		A
○				8	골조 공사		A
○				9	지붕 공사		A
○				10	바닥재 마감		A C B
○				11	외장 및 유리		A B
		○		12	컴퓨터 하드웨어 설치		B A C
○		○		13	선반 설치		B A
○		○		14	자동 크레인 설치		B A B B
○		○		15	컨베이어 설치		B A B B
		○		16	소프트웨어 설계 및 설치		B A
			○	17	신규 시스템 및 성과 목표에 대한 직원 교육		A C B
○				18	메자닌 바닥 공사		A B
			○	19	작업 공간 및 가구		B B A
			○	20	인력 이동		A B
			○	21	재고품 이전		A B B
			○	22	직원 배치		A B
	○			A	내부 소프트웨어 운영		A B
	○			B	외부 소프트웨어 운영		B A
	○			C	통합 소프트웨어 운영		B A
○	○	○	○	D	완전한 통합 운영		B A B
○	○	○	○	E	기한 고수		A A A A

			주요 과업		보고 일자	1월	2월	3월	4월	5월	6월	7월	8월	9월	10월	11월	12월	데니스	웨인	클라우스	데이브
건물 완공	시스템 가동	인력 배치	세부 목표	요약 및 전망	원가																

건물 600만 달러
시스템 300만 달러
인력 50만 달러

ADC 프로젝트는 1995년 1월 1일에 착수하여 1995년 12월 31일에 달성 예정임.
1,000만 달러의 비용과 ROI 30% 달성이 예상됨.

그림 2.7 OPPM 작성 12단계 중 5단계

▶▶6단계 – 세부 목표에 맞는 과업 정렬

이 단계에서는 목록에 있는 과업이 종료될 때 세부 목표가 얼마나 달성되었는 지 분석해야 한다. 그리고 과업과 세부 목표를 점검하면서 이 둘이 조화롭게 진행 되도록 힘써야 한다. 어떤 과업이든 적어도 한 가지의 세부 목표와 관련되어 있으며, 과업이 진행되면서 더 많은 세부 목표를 달성할 수 있게 돕는다.

과업과 세부 목표를 조정하다 보면, 놓치고 있는 부분이나 서로 일관성이 없는 문제를 알아낼 때가 많다. 이러한 조정 과정은 한 번에 끝나지 않고 꾸준히 지속한다. 각 단계에 맞게 OPPM을 작성하고 업무를 추진하면서, 성공 단계를 재평가하고 지속적인 개선을 위해 노력해야 한다.

과업을 확인하는 과정에서 미처 생각하지 못했던 목표가 드러나기도 한다. 한편, 세부 목표에 배정된 과업의 수가 적절하지 않을 수도 있다. 그러면 그 둘을 더

ONE-PAGE

프로젝트 관리자 : 클라크 캠벨 프로젝트 이름 : 자동화 물류 센터(ADC) 보고일 : 1994년 1월 12일
프로젝트 목표 : 배송의 리엔지니어링−투자수익률 ROI 30%

세부 목표 (건물완공 / 시스템가동 / 인력배치)			번호	주요 과업	일정	담당자 및 우선순위 (데니스 / 웨인 / 클라우스 / 데이브)
○			1	계약 체결	○ ○	A
○			2	부지 철거	○ ○	A B
	○		3	시스템 소프트웨어 설계	○ ○ ○ ○	B A B B
	○		4	컴퓨터 하드웨어 사양 결정	○ ○	A
		○	5	워크스테이션 설계	○ ○ ○ ○ ○	B C A
○			6	주차 설비 및 조경	○ ○ ○	A B
○			7	기반 공사	○ ○ ○	A
○			8	골조 공사	○ ○ ○	A
○			9	지붕 공사	○ ○	A
○			10	바닥재 마감	○ ○	A C B
○			11	외장 및 유리	○ ○	A B
	○		12	컴퓨터 하드웨어 설치	○ ○	B A C
○			13	선반 설치	○ ○	B A B
○			14	자동 크레인 설치	○ ○	B A B B
○			15	컨베이어 설치	○ ○ ○	B A B B
	○		16	소프트웨어 설계 및 설치	○ ○ ○ ○	B A B
		○	17	신규 시스템 및 성과 목표에 대한 직원 교육	○ ○ ○ ○	A C B
○			18	메자닌 바닥 공사	○ ○	A B B
		○	19	작업 공간 및 가구	○ ○ ○	B B A
		○	20	인력 이동	○	B A
		○	21	재고품 이전	○ ○	A B B
		○	22	직원 배치	○ ○ ○	B B
	○		A	내부 소프트웨어 운영		A B
	○		B	외부 소프트웨어 운영		B A
	○		C	통합 소프트웨어 운영		B A B
○	○	○	D	완전한 통합 운영		B A A B
○	○	○	E	기한 고수		A A A A

| 건물 완공 | 시스템 가동 | 인력 배치 | | | 주요 과업 / 보고 일자 / 원가 / 요약 및 전망 | 1월 2월 3월 4월 5월 6월 7월 8월 9월 10월 11월 12월 | 데니스 웨인 클라우스 데이브 |

세부 목표
인력 50만 달러
시스템 300만 달러
건물 600만 달러

ADC 프로젝트는 1995년 1월 1일에 착수하여 1995년 12월 31일에 달성 예정임.
1,000만 달러의 비용과 ROI 30% 달성이 예상됨.

그림 2.8 OPPM 작성 12단계 중 6단계

분석하고 평가해 봐야 한다.

이렇게 꾸준하게 공을 들여 보고서를 작성하면, 탄탄한 계획을 세우는 것은 물론 의사소통이 힘을 발휘하기 시작한다.

▶▶ 7단계 – 보고 일자

보고 일자는 OPPM 하단에 있는 직사각형에 기록한다. 이 단계에서 전체 일정을 개별 일정으로 작성하는데 보통 월별로 세분화한다. 간단한 프로젝트는 한 주

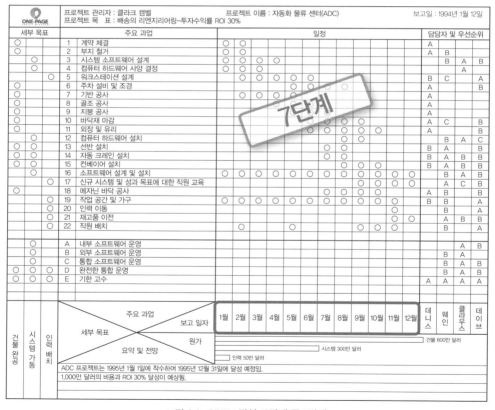

그림 2.9 OPPM 작성 12단계 중 7단계

또는 격주로 일정을 정하고, 방대한 프로젝트는 그에 맞게 더 긴 기간을 설정한다. 프로젝트마다 필요한 기간이 다르기 때문이다.

단, 목표 일자에 맞게 업무를 달성하려면, 프로젝트에 참가하는 모든 팀원에게 프로젝트의 일정과 목표 일자를 알려 주어야 한다. 그리고 팀원 모두에게 일정을 맞추겠다는 약속을 받아야 한다.

▶▶8단계 – 보고 일자에 맞게 과업 정렬하기

이 단계에서는 각 과업에 맞춰 일정을 계획한다. 먼저 과업마다 시간이 얼마나 걸릴 지 결정한다. 그런 후 과업 옆으로 이어지는 칸에 동그라미를 그려 과업의 착수 시기와 기간, 종료 시점을 표시하면 된다. 과업 옆의 각 한 칸이 1개월을 나타낸다고 할 때 7개월이 소요되는 과업은 옆으로 일곱 번째 칸에 동그라미를 그린다. 그리고 과업이 완수되는 시점에 동그라미 안을 까맣게 색칠한다.

팀원들은 각자 자기 방식대로 일정을 맞추기 위한 조정을 한다. 착수 시점을 먼저 염두에 두고 진행 상황을 생각하는 사람도 있고, 종료 시점을 고려하며 일정을 계획하는 사람도 있다.

가끔 정해진 틀에서 벗어나 '독창적으로' 생각하면 창의적인 아이디어가 떠오를 때도 많다. 팀원이 일정을 조정하는 데 있어 다양한 방법으로 접근할 수 있도록 격려하라. 그러면 치밀한 계획을 세울 수 있다.

프로젝트 관리자 : 클라크 캠벨	프로젝트 이름 : 자동화 물류 센터(ADC)	보고일 : 1994년 1월 12일
프로젝트 목 표 : 배송의 리엔지니어링-투자수익률 ROI 30%		

세부 목표			번호	주요 과업	일정	데니스	웨인	클랑당우스	데이브
○			1	계약 체결		A			
○			2	부지 철거		A	B		
	○		3	시스템 소프트웨어 설계		B	A	B	
	○		4	컴퓨터 하드웨어 사양 결정		A			
		○	5	워크스테이션 설계		B	C	A	B
○			6	주차 설비 및 조경		A			B
○			7	기반 공사		A			
○			8	골조 공사		A			
○			9	지붕 공사		A			
○			10	바닥재 마감		A	C		B
○			11	외장 및 유리		A			B
	○		12	컴퓨터 하드웨어 설치		B	A	C	
○	○		13	선반 설치		B	A	B	
○	○		14	자동 크레인 설치		B	A	B	B
○	○		15	컨베이어 설치		B	A	B	B
	○		16	소프트웨어 설계 및 설치		B	A	B	
		○	17	신규 시스템 및 성과 목표에 대한 직원 교육		A	C	B	
○			18	메자닌 바닥 공사		A	B	B	
		○	19	작업 공간 및 가구		B	B		A
		○	20	인력 이동		B			A
		○	21	재고품 이전		B			A
		○	22	직원 배치		B			A
○			A	내부 소프트웨어 운영		A	B		
○			B	외부 소프트웨어 운영		B	A	B	
○			C	통합 소프트웨어 운영		B	A	B	
○	○		D	완전한 통합 운영		B	A	B	
○	○	○	E	기한 고수		A	A	A	A

일정(월): 1월 2월 3월 4월 5월 6월 7월 8월 9월 10월 11월 12월

세부 목표 : 건물 완공 / 시스템 가동 / 인력 배치

보고 일자
원가
요약 및 전망

인력 50만 달러
시스템 300만 달러
건물 600만 달러

ADC 프로젝트는 1995년 1월 1일에 착수하여 1995년 12월 31일에 달성 예정임.
1,000만 달러의 비용과 ROI 30% 달성이 예상됨.

그림 2.10 OPPM 작성 12단계 중 8단계

▶▶9단계 – 담당자 지정과 과업 및 우선순위 부여

과업마다 담당자가 있으며, 때로는 한 과업에 담당자가 3명 이상일 때도 있다. 담당자가 몇 명이든 그들 중 주(主) 담당자를 정해야 한다. 〈그림 2.11〉의 OPPM에서 알파벳 A는 주 담당자를 나타낸다. 주 담당자 밑에서 업무를 담당하는 사람을 B, 그 밑의 하급자를 C로 표시한다.

누가 무엇을 담당하느냐는 팀원 간 협의 과정을 거쳐 결정하고, 이때 프로젝트 관리자는 리더십을 발휘하여 필요하다면 적절히 중재해야 한다.

ONE-PAGE	프로젝트 관리자 : 클라크 캠벨 프로젝트 목표 : 배송의 리엔지니어링-투자수익률 ROI 30%	프로젝트 이름 : 자동화 물류 센터(ADC)	보고일 : 1994년 1월 12일

세부 목표		주요 과업	일정	담당자 및 우선순위
	1	계약 체결		A
	2	부지 철거		A B
	3	시스템 소프트웨어 설계		B A B
	4	컴퓨터 하드웨어 사양 결정		A
	5	워크스테이션 설계		B C A
	6	주차 설비 및 조경		A B
	7	기반 공사		A
	8	골조 공사		A
	9	지붕 공사		A
	10	바닥재 마감		A C
	11	외장 및 유리		A B
	12	컴퓨터 하드웨어 설치		B A C
	13	선반 설치		B A B
	14	자동 크레인 설치		B A B B
	15	컨베이어 설치		B A B B
	16	소프트웨어 설계 및 설치		B A B
	17	신규 시스템 및 성과 목표에 대한 직원 교육		A C B
	18	메자닌 바닥 공사		A B B
	19	작업 공간 및 가구		B B B A
	20	인력 이동		B A
	21	재고품 이전		A B B
	22	직원 배치		B A
	A	내부 소프트웨어 운영		A B
	B	외부 소프트웨어 운영		B A
	C	통합 소프트웨어 운영		B A B
	D	완전한 통합 운영		B A B B
	E	기한 고수		A A A A

건물 완공 | 시스템 가동 | 인력 배치

세부 목표 / 주요 과업 / 보고 일자 / 원가 / 요약 및 전망

1월 2월 3월 4월 5월 6월 7월 8월 9월 10월 11월 12월 | 데니스 웨인 클라우스 데이브

인력 50만 달러 시스템 300만 달러 건물 600만 달러

ADC 프로젝트는 1995년 1월 1일에 착수하여 1995년 12월 31일에 달성 예정임.
1,000만 달러의 비용과 ROI 30% 달성이 예상됨.

그림 2.11 OPPM 작성 12단계 중 9단계

▶▶10단계 – 리스크 및 질적 성과

이제 주관적이고 질적인 개념의 과업을 살펴본다. 프로젝트의 모든 성과를 일정에 맞춰 정량화하여 측정하는 것은 불가능하다. 소프트웨어 분야의 성과가 자주 이 범주에 속한다. 컴퓨터 프로그래머가 자신이 개발한 프로그램이 완성도가 높다고 생각해도 그 프로그램을 사용하는 사람은 생각이 다를 수 있다. 예를 들어, 프로그램 화면이 뜨는 데 걸리는 속도가 적합한지는 지극히 주관적으로 판단할 수밖에 없다.

프로젝트 관리자: 클라크 캠벨	프로젝트 이름: 자동화 물류 센터(ADC)	보고일: 1994년 1월 12일
프로젝트 목 표: 배송의 리엔지리어링-투자수익률 ROI 30%		

세부 목표	주요 과업	일정	담당자 및 우선순위
○	1 계약 체결		A
○	2 부지 철거		A B
○	3 시스템 소프트웨어 설계		B A B
○	4 컴퓨터 하드웨어 사양 결정		A
○	5 워크스테이션 설계		B C A
○	6 주차 설비 및 조경		A
○	7 기반 공사		A
○	8 골조 공사		A
○	9 지붕 공사		A
○	10 바닥재 마감		A C B
○	11 외장 및 유리		A B
○	12 컴퓨터 하드웨어 설치		B A C
○	13 선반 설치		B A B
○	14 자동 크레인 설치		B A B
○	15 컨베이어 설치		B A B
○	16 소프트웨어 설계 및 설치		A B B
○	17 신규 시스템 및 성과 목표에 대한 직원 교육		A C B
○	18 메자닌 바닥 공사		A B B
○	19 작업 공간 및 가구		B A B
○	20 인력 이동		B
○	21 재고품 이전		B A
○	22 직원 배치		B A
○	A 내부 소프트웨어 운영		A B
○	B 외부 소프트웨어 운영		B A
○	C 통합 소프트웨어 운영		B A B
○	D 완전한 통합 운영		B A B
○	E 기한 고수		A A A A

건물 완공 / 시스템 가동 / 인력 배치

주요 과업 — 보고 일자
세부 목표
요약 및 전망 — 원가

1월 2월 3월 4월 5월 6월 7월 8월 9월 10월 11월 12월

데니스 웨인 클라우스 데이브

건물 600만 달러
시스템 300만 달러
인력 50만 달러

ADC 프로젝트는 1995년 1월 1일에 착수하여 1995년 12월 31일에 달성 예정임.
1,000만 달러의 비용과 ROI 30% 달성이 예상됨.

그림 2.12 OPPM 작성 12단계 중 10단계

또한, 전화 통화 중 연결이 끊어지는 현상은 용납되지 않지만, 가끔 잡음이 생기는 것은 어떨까? 어느 정도 감수할 수 있을까? 이런 상황은 지극히 주관적이기 때문에 객관적으로 정량화하기 어렵다.

〈그림 2.12〉에 표기된 영역이 정량화하기 어려운 프로젝트의 주관적 양상을 넣는 자리다. 주관적 과업이라 해도 정량화할 수 있는 과업과 마찬가지로 세부 목표를 달성하는 데 기여할 수 있도록 설정하고 알맞은 담당자를 배정해야 한다. 주관적 과업의 성과는 빨간색, 노란색, 초록색을 사용하여 적정 수준을 판단하면 된다.

▶▶11단계 – 원가

〈그림 2.13〉에서처럼 OPPM의 우측 하단에는 예산을 표시한다. 각 부문의 예산은 막대그래프를 사용하여 간단하게 나타낸다. 프로젝트가 예산대로 진행되면 초록색으로 그래프를 그린다. 예산을 초과하지만 만회할 수 있으면 노란색으로, 그렇지 않으면 빨간색으로 나타낸다.

OPPM에 예산을 기재하기는 쉽지만, 예산을 확보하는 것은 매우 어렵다. 그러니 예산을 작성하기 전에 모든 비용을 고려하고, 변화 가능성이 있거나 확실하지

그림 2.13 OPPM 작성 12단계 중 11단계

않은 사항에서 예산이 증가할 경우를 대비하여 예비비를 편성해야 한다.

또한, 이 영역을 통해 자금 외에 프로젝트의 필수적인 매트릭스 몇 가지를 계획하여 관리할 수 있다.

▶▶ 12단계 – 요약 및 전망

훌륭한 요약은 애매함과 눈에 띄는 문제들을 말끔하게 해결하고 오해의 소지를 없애 준다. 사실 보고서를 검토하는 사람은 누구나 말 그대로 '똑같은 보고서를 읽

ONE-PAGE

프로젝트 관리자 : 클라크 캠벨
프로젝트 목 표 : 배송의 리엔지니어링-투자수익률 ROI 30%
프로젝트 이름 : 자동화 물류 센터(ADC)
보고일 : 1994년 1월 12일

세부 목표			번호	주요 과업	일정	담당자 및 우선순위 (데니스 · 웨인 · 클라우스 · 데이브)
○			1	계약 체결		A
			2	부지 철거		A B
	○		3	시스템 소프트웨어 설계		B A B
	○		4	컴퓨터 하드웨어 사양 결정		A
		○	5	워크스테이션 설계		B C A
○			6	주차 설비 및 조경		A
○			7	기반 공사		A
○			8	골조 공사		A
○			9	지붕 공사		A
○			10	바닥재 마감		A C B
○			11	외장 및 유리		A B
	○		12	컴퓨터 하드웨어 설치		B A C
	○		13	선반 설치		B A
○	○		14	자동 크레인 설치		B A B B
	○		15	컨베이어 설치		B A B B
	○		16	소프트웨어 설계 및 설치		A C B
		○	17	신규 시스템 및 성과 목표에 대한 직원 교육		A C B
○			18	메자닌 바닥 공사		A B
		○	19	작업 공간 및 가구		B B A
		○	20	인력 이동		B
		○	21	재고품 이전		A B B
		○	22	직원 배치		B A
	○		A	내부 소프트웨어 운영		A B
	○		B	외부 소프트웨어 운영		B A
	○		C	통합 소프트웨어 운영		B A
○	○	○	D	완전한 통합 운영		A A A A
○	○	○	E	기한 고수		A A A A

주요 과업 / 보고 일자
세부 목표 / 원가
요약 및 전망

1월 2월 3월 4월 5월 6월 7월 8월 9월 10월 11월 12월 | 데니스 웨인 클라우스 데이브

건물 600만 달러
시스템 300만 달러
인력 50만 달러

건물 완공 | 시스템 가동 | 인력 배치

ADC 프로젝트는 1995년 1월 1일에 착수하여 1995년 12월 31일에 달성 예정임.
1,000만 달러의 비용과 ROI 30% 달성이 예상됨.

그림 2.14 OPPM 작성 12단계 중 12단계

고' 있어야 한다. 요약은 그림 자체에 대한 설명이 아니라 그림을 보고 생기는 질문에 대한 답변이다.

특정 문제가 있을 때 그림에 표기된 하단 공간에 그 점을 언급하며 이유를 분석하고 그에 대한 전망도 내놓아야 한다. 이때 요약할 지면이 제한적이기 때문에 최대한 간단명료하게 표현해야 한다. 애초에 설계를 그렇게 했다. 지면이 부족하면 어쩔 수 없이 보고할 내용을 선별할 수밖에 없고, 그러면 효율적인 논의가 가능하기 때문이다. 보고서의 페이지 수를 늘리거나 도표를 추가해 요약할 공간을 더 마련하려고 해서는 안 된다. OPPM의 강력함은 한 장으로 구성되었기 때문이란 사실을 잊지 말자.

💬 OPPM 월별 보고서를 작성하는 5단계

일반적으로 한 달마다 작성하는 OPPM에는 5가지 단계가 있다. 각 목표 일자가 다가오면 프로젝트 관리자는 담당자를 만나 다음 작업을 완수해야 한다.

1. 목표 일자를 굵은 활자로 표시한다.

2. 진척된 과업을 색칠하여 표시한다.

동그라미 안을 까맣게 색칠하여 프로젝트의 진척도를 표시하는 것이다. 색칠하는 일은 쉽지만, 색칠을 할지 안 할지를 결정하는 일은 어렵다. 팀원들의 의견이 서로 다를 수 있으니, 프로젝트 관리자는 팀원들과 충분히 회의를 하며 분명하게 의사소통해야 한다.

3. 리스크 및 질적인 성과를 표시한다.

이때는 색상을 사용한다. 적절한 수준은 초록색, 우려되는 수준은 노란색, 위험한 수준은 빨간색으로 표시한다. 어떤 색으로 나타낼지 결정하는 일에 서로의 의견이 다를 수 있으니 반드시 협의를 거쳐야 한다.

4. 지출액을 보고한다.

회계 부서가 계산한 수치를 기록한다. 이때 반드시 회계 부서의 동의를 받아야 한다.

ONE-PAGE	프로젝트 관리자 : 클라크 캠벨 프로젝트 목 표 : 배송의 리엔지니어링-투자수익률 ROI 30%			프로젝트 이름 : 자동화 물류 센터(ADC)			보고일 : 1994년 1월 12일

세부 목표				주요 과업	일정	담당자 및 우선순위
●			1	계약 체결	● ●	A
●			2	부지 철거	● ●	A B
	●		3	시스템 소프트웨어 설계	● ● ● ●	B A B
	●		4	컴퓨터 하드웨어 사양 결정	● ● ●	A
		●	5	워크스테이션 설계	● ● ● ●	B C A
●			6	주차 설비 및 조경	● ● ● ●	A B
●			7	기반 공사	● ● ●	A
●			8	골조 공사	● ● ●	A
●			9	지붕 공사	● ● ●	A
●			10	바닥재 마감	● ● ● ●	A C B
●			11	외장 및 유리	● ● ● ● ●	A B
	●		12	컴퓨터 하드웨어 설치	● ●	B A C
●			13	선반 설치	● ●	B A B
●			14	자동 크레인 설치	● ●	B A B B
●			15	컨베이어 설치	● ●	B A B
		○	16	소프트웨어 설계 및 설치	● ● ● ● ● ● ● ● ○	B A B
		●	17	신규 시스템 및 성과 목표에 대한 직원 교육	● ● ●	A C B
	●		18	메자닌 바닥 공사	● ● ● ●	A B
		●	19	작업 공간 및 가구	● ● ● ● ● ● ● ●	B B A
		●	20	인력 이동	●	B
		●	21	재고품 이전	● ● ●	A B B
		●	22	직원 배치	● ● ● ●	B
	●		A	내부 소프트웨어 운영		A B
	○		B	외부 소프트웨어 운영		B A
	●		C	통합 소프트웨어 운영		B A B
○	○	○	D	완전한 통합 운영		
○	○	○	E	기한 고수		A A A A

건물 완공	시스템 가동	인력 배치	세부 목표 ╳ 주요 과업 / 보고 일자 / 원가 / 요약 및 전망	1월	2월	3월	4월	5월	6월	7월	8월	9월	10월	11월	12월	데니스	웨인	클라우스	데이브

530만 달러   건물 600만 달러
320만 달러   시스템 300만 달러
인력 50만 달러   ■ = R ■ = G ▨ = Y

프로젝트가 기한 내 완수될 예정임.
시스템 비용 초과분은 건설 과정에서 절약된 비용으로 충분히 상쇄.
미해결 상태인 소프트웨어 문제는 확실하게 해결하여 가동 준비를 마칠 것. 단, 지속적인 개선이 필요함.
훈련을 마친 직원들이 센터의 전면 시행을 기다리고 있음.

그림 2.15 **자동화 물류 센터 11월 보고서**

5. 요약 및 전망을 작성한다.

지금까지 OPPM을 활용해 보고서를 작성하는 기본 원칙을 익혔다. 제프리 라이커Jeffrey K. Likker는 자신의 저서 《도요타 방식Toyota Way》에서 이렇게 말했다.

"너무 긴 보고서를 검토하다 보면 시간이 오래 걸리고, 게다가 복잡한 개념은 잘 이해되지 않는다.(중략) 하지만 시각적 접근은 훨씬 효과적이다. 도요타의 신입 사원은 사람들이 시각적 자료에 이끌린다는 사실을 근거로 가능한 한 말은 적게 하고 시각 자료를 활용하는 의사소통 방법을 배운다. A3가 의사소통 프로세스의 핵심이다."

이 책은 OPPM과 A3를 통합하여 보고서를 작성하는 내용을 다룬다. 이러한 보고서를 활용해 프로젝트를 감독하는 경영진은 프로젝트의 방향을 제시하고, 팀의 효율적인 의사소통을 장려해야 한다. 다음에 나올 4장과 5장에서는 OPPM을 A3와 통합하는 과정을 자세히 살펴본다.

💬 OPPM의 효과적인 활용 방법

조직 전반에 걸쳐 OPPM을 효과적으로 활용하는 데 도움이 되는 내용을 알아보자.

• 프로젝트 관리자와 팀원들이 OPPM의 가치를 충분히 이해하게 한다. OPPM의 사용을 의무 사항으로 규정해 강제로 사용하게 할 수도 있지만, 팀원 스스로 가치를 믿게 만드는 것이 훨씬 더 효과적이다. 그들이 OPPM의 간단한 사

용법과 강력한 효과, 뛰어난 가치 등을 인식하면, 억지로 권하지 않아도 스스로 사용하려고 한다.

그러려면 먼저 팀원들이 이 도구의 가치를 이해할 필요가 있다. 팀원들에게 이 책을 읽어보도록 격려하는 것도 좋은 방법이다. 그러고 나서 oppmi.com에서 OPPM 무료 서식을 다운로드 받아 함께 검토해 본다. 단, 한 사람이라도 OPPM에 확신을 가지고 능숙하게 다루게 되면, 조직 전체가 그 도구에 익숙해질 가능성이 커진다. 그 한 사람이 메신저이자 옹호자이자 투사가 되어 OPPM을 전파할 것이다. 경험상 프로젝트 관리자 한 명이 OPPM을 사용하기 시작하면, 뒤이어 다른 사람들도 기대감을 품고 열정적으로 받아들인다.

• 경영진들은 장황하거나 제대로 요약하지 않은 보고서는 읽기 어렵지만, OPPM은 충분히 검토할 수 있다고 명확하게 밝혀라. 그러면 프로젝트에 참여하는 사람들이 자신의 의사소통 도구함에 OPPM을 최대한 신속하게 담으려고 할 것이다.

• OPPM의 표준 서식을 사용하라. 수많은 형태의 OPPM을 사용하면 오히려 다루기 힘들고 효율성이 떨어지니 경계해야 한다. 물론, 프로젝트마다 다양한 특성이 있어서 필요에 맞게 수정할 수도 있다. 하지만 OPPM의 기본 형태를 유지하면서 개별 프로젝트에 꼭 필요한 수정만 최소한으로 허용해야 한다. oppmi.com에서 〈그림 2.2〉와 같은 하나의 서식을 다운로드 받아 사용하는 것이 좋다. 업무를 간단하게 처리하고 싶다면, OPPM의 서식이 변형되지 않게 제한해야 한다.

• 조직의 모든 구성원이 OPPM을 사용해야 한다. 만약, 당신을 포함한 경영진이 OPPM을 열심히 사용하지 않는다면, 직원들은 그 도구를 받아들이지도, 효과적으로 활용하지도 않을 것이다.

💬 OPPM 활용으로 얻는 이점

• 프로젝트를 검토하는 시간이 급격하게 줄어든다.

• 프로젝트의 중요 요소를 정기적으로 점검하게 하고 책임 소재를 명확하게 밝힌다. 그로 인해 프로젝트 관리자가 업무의 질을 높이고 비용을 효율적으로 사용하고 과업을 일정에 맞출 수 있게 돕는다.

• 기존의 프로젝트 보고서는 모호하게 작성되어 있어서 특정 과업의 담당자가 누구인지, 마감 일자나 예산과 관련된 중요한 정보를 어디에 기록했는지 알아내기 어렵다. 하지만 OPPM은 그러한 핵심 정보를 한눈에 보여 준다.

• 프로젝트와 관련한 중요 정보를 상부에 전달하기 위한 시간과 인력, 자원을 절약해 준다. 그로 인해 프로젝트 참여자는 더 중요한 일, 즉 프로젝트 추진에 더 많은 시간을 쓸 수 있다.

• 그림이나 표 등의 이미지를 사용하여 업무 결과와 시간 및 비용 대비 성과를 시각적으로 보여 준다.

- 프로젝트 점검을 위한 공식 회의의 횟수를 줄여 주고, 때로는 회의를 아예 생략하게 만들 수도 있다.

- 적절한 질문을 유도한다.

- 과거 계획, 현재 성과, 미래 전망을 한눈에 보여 준다.

💬 OPPM을 검토하는 방법

OPPM은 쉽게 이해할 수 있는 몇 가지 필수 사항으로 이루어진다. 직관적인 보고서이기 때문에 특별한 설명이 없어도 OPPM에 묘사된 업무 상황을 대부분 파악할 수 있다. 그래도 OPPM의 각 부분을 좀 더 자세히 이해할 수 있도록 다음 내용을 덧붙인다. 〈그림 2.2〉와 〈그림 2.15〉를 사용해 각 영역이 OPPM 전체와 어떻게 조화를 이루는지 살펴보자.

1. **표제 영역** 가장 기본적인 부분으로 프로젝트 명, 프로젝트 관리자, 프로젝트 목표, 보고 일자를 기록한다. 얼핏 보기만 해도 어떤 프로젝트인지, 담당자가 누구인지, 무엇을 달성하려고 하는지 파악된다. 이 영역은 경영진이 프로젝트 관리자와 함께 작성한다.

2. **담당자** 프로젝트의 과업별 담당자 및 우선순위를 알려 주는 부분이다. 여기서 책임 소재가 나타난다. A로 표시된 담당자는 해당 과업의 주 담당자로 과업 완수 시점까지 업무를 감독할 모든 책임이 있다.

3. 매트릭스 OPPM의 핵심이 되는 지점이다. OPPM의 여러 요소가 매트릭스에서 하나로 합쳐진다. 특정 순간에 알고 싶은 정보 조각들(세부 목표, 주요 과업, 기한, 예산, 요약, 전망 등)을 알려 주는 나침반으로 활용한다.

4. 세부 목표 프로젝트의 최종 목표를 달성하기 위한 목표로, 하위 목표라고 할 수 있다. 표제 영역에 간단하게 기록한 프로젝트의 방향을 프로젝트 관리자에게 더욱 명확하게 보여 주는 역할을 한다. 앞서 살펴본 것처럼 이 공간은 SMART 기법으로 세부 목표를 확실하게 밝힐 수 있는 지점이기도 하다.

5. 주요 과업 이 부분이 OPPM에서 가장 중요한 요소이다. 프로젝트를 완수하려면 반드시 달성해야 할 주요 과업을 나타낸다. 숫자를 매긴 과업은 객관적 과업으로 성과를 정량화하여 측정할 수 있다. 이에 반해 알파벳으로 표시한 과업은 객관적인 성과 측정이 어려운 과업으로, 정량화하기 어려운 질적 수준과 관련이 있다.

   OPPM을 사용하는 수많은 사람은 질적인 성과를 측정하기 위해 '성과관리Earned Value(부록C 참조)'를 활용하거나 3대 제약 중 가장 중요한 요인을 추적해서 판단한다.

6. 세부 목표에 맞게 과업 정렬하기 이 부분에서 OPPM을 분석할 수 있다. 과업이 완수되면 본래 목적을 달성했는지 과업과 세부 목표를 검토한다. OPPM의 동그라미는 과업과 세부 목표의 관련성을 나타낸다. OPPM이 지닌 강력함 중 한 가지가 프로젝트의 다양한 부문의 관련성을 한눈에 보여 주는 것으로, 프로젝트 착수 시점부터 이것을 분석해야 한다.

과업의 목표 달성이 확실해지고 세부 목표의 변동이 없으면, 이 부분을 다시 점검할 필요는 없다. 하지만 프로젝트가 진행되면서 지속적인 개선을 위해 성공적으로 평가한 단계를 재평가하기도 한다. 두 개의 세부 목표에 기여하는 과업도 있지만, 대부분 한 개의 과업이 한 개의 세부 목표를 달성한다. 세부 목표에는 적어도 한 개 이상의 과업이 있어야 한다. 어떤 과업이 세부 목표를 이루는 데 기여하는 바가 없다면, 그 과업은 제거해야 한다.

이런 관련성을 잘 파악하고 균형을 맞춰야 한다. 그렇지 않으면 세부 목표에 경험이 많은 뛰어난 팀이 너무 많은 과업을 떠안으며 다른 사람에게 배정해야 하는 과업까지 맡게 될지도 모른다. 그러면 일부 세부 목표에 대해서는 적절한 계획을 세우지 못할 수 있다.

7. **목표 일자** 각 과업이 마감 일정에 맞게 제대로 진행되고 있는지 보여 준다. 목표 일자 위의 세로 칸을 보면 프로젝트 현재 진척 상황을 알 수 있다. 일반적으로 일정을 월별로 나누지만, 꼭 그렇게 할 필요는 없다. 단기 프로젝트는 주 단위로 일정을 나누기도 하고, 장기 프로젝트는 격월이나 분기별로 일정을 계획하기 한다. 또한, 각기 다른 시간 단위로 일정을 세우는 프로젝트도 있다. 객관적인 과업의 일정을 나타내기 위해 사용하는 동그라미들은 각 과업에 할당한 개월 수를 나타낸다. 동그라미가 색칠되면 그 과업은 완수된 것이다. 목표 일자 위로 세로 칸 왼쪽의 동그라미에 색칠이 안 되어 있으면, 해당 과업이 지연되고 있음을 나타낸다.

주관적인 과업은 색상과 막대그래프를 사용해 표시한다. 초록색은 적절한 수행 수준을, 노란색은 우려스럽긴 하지만 해결할 수 있는 수준을 가리킨다. 그리고 비용, 범위, 일정 측면에서 심각한 위험이 있다면 빨간색을 사용한다.

8. **원가**   예산을 나타내는 막대그래프로 원가를 표시한다. 예산은 단독으로 기입되는 요소로 일정과 연계하여 표시하지 않는다. 이 막대그래프는 특정 시점의 예산 상태를 한눈에 파악할 수 있게 해 준다.

9. **요약 및 전망**   OPPM에서 보이는 요약 및 전망 부분은 공간이 작은 이유가 있다. 장황한 설명을 막기 위해서다. 이 부분에서 프로젝트 관리자와 팀원은 보고서 자체에서 제기된 문제를 설명해야 한다. 이 영역은 누구나 알고 있는 내용을 다시 기입하는 자리가 아니라 그림을 이해할 수 있는 정보나 다음 보고까지 개선할 사항과 예상되는 점에 대해 의사소통하는 공간이다.

💬 그 밖의 사항

지금부터 제시하는 사항들은 OPPM의 기본 사항이다. 이 도구를 검토하고 활용하는 방법에 대해 몇 가지 더 확인해보자.

• **색상에 유의하라.**
당신이 기대하는 색상은 초록색이겠지만, 관심 있게 봐야 하는 색은 노란색이다. 그리고 정말로 온 신경을 쏟아야 하는 색상은 빨간색이다.

• **동그라미를 주목하라.**
목표 일자 위로 세로 칸 왼쪽의 동그라미에 색칠이 안 되어 있으면, 우려스러운 상황으로 볼 수 있다. 특정 과업과 관련해 목표 일자 이전에 색칠이 안 된 동그라미가 많을수록 그 과업의 일정이 지연되고 있다는 것을 나타낸다. 과업의 일정이 지연될수록 더 많은 신경을 써야 한다.

• 프로젝트가 예산 내에서 운영되고 있는지 확인하라.

예산 그래프를 보고 예산을 벗어날 조짐이 보이면 즉시 주의를 기울여라. 경영진은 프로젝트 관리자 및 담당자와 머리를 맞대고 무엇이 문제인지 알아내야 한다. 노란색 그래프에 대해서는 '요약 및 전망' 영역에서 개선 방안을 설명할 수 있지만, 예산 그래프가 빨간색으로 표시되면 대면 회의를 해야 할 것이다.

• 담당자에게 주의를 기울여라.

몇 가지 과업이 난관에 부딪히면 분명히 담당자는 그에 대해 해명을 하려 할 것이다. 문제가 발생했다면 그에 대한 책임은 당연히 따져야 한다. 하지만 해당 담당자가 지금껏 잘해온 업무를 간과해서는 안 된다. 프로젝트를 진행하면서 예산 초과 없이 기한 내 과업을 완수한 담당자의 노고를 인정해야 한다.

OPPM을 활용하면 담당자의 책임 소재를 밝히는 동시에 성과가 훌륭한 담당자와 그의 팀을 칭찬할 수도 있다. 칭찬은 강력한 힘을 발휘한다. 아드리안 고스틱Adrian Gostick과 체스터 엘튼Chester Elton의 《당근의 법칙 The Carrot Principle》 중에는 이런 말이 나온다.

"훌륭한 경영과 적절한 보상이 결합하면 직원은 업무에 몰입해 성과를 내는 데 박차를 가한다."

또, 주디스 엄라스Judith Umlas는 자신의 저서 《인정의 힘 The Power of Acknowledgement》에서 이렇게 말했다.

"직원이 성과를 인정받으면 감출 수 없는 기쁨에 활력이 넘친다. 인정에 대한 보답으로 더 큰 성과를 이루려고 노력하고 대단한 결과를 만들어낸다."

첫째, 더 많은 사람의 생각을 듣고 둘째, 중간 중간에 '잘했군.'이란 말을 하고 셋째, 상황을 이해하려고 힘쓰는 리더가 하는 칭찬의 효과가 더욱 크다. 그리고 OPPM을 통해 특출한 성과에 대해 의사소통하면서 프로젝트 참가자가 기대하는 칭찬을 해줄 수 있다. 원칙대로 작성된 OPPM의 데이터는 신뢰할 수 있기 때문에 경영진은 상황을 명확하게 이해하여 뛰어난 성과를 칭찬할 근거를 찾을 수 있다.

- **요약 및 전망을 검토하라.**

  이 부분을 통해 OPPM에 제시된 정보의 배경 상황과 전망을 알게 된다.

OPPM은 여러 가지 세세한 정보를 전달하지 않는다는 점을 이해해야 한다. OPPM을 검토하면서 구체적인 사정은 파악하기 어려운 게 사실이다. '요약 및 전망'에서 특정 문제를 기술하는 것 말고는 OPPM이 프로젝트 진행 중에 발생하는 일상적인 문제를 명시하지 않기 때문이다. 하지만 세부 사항이 없는 것은 의도된 것이다. 많은 세부 사항을 제거해야 OPPM이 경영진에게 꼭 필요한 정보만 전달하는 의사소통 도구로 강력한 효과를 발휘한다. 사실 경영진은 프로젝트의 모든 속사정을 몰라도 된다. OPPM은 선 굵고 큰 그림을 그리는 데 필요한 정보만 제공한다. 이것이 이 도구의 힘이자 장점이다.

프로젝트에 대해 더 알고 싶은 내용이 있으면, 언제든 프로젝트 관리자나 담당자에게 물어볼 수 있다. OPPM의 역할은 세부 사항을 모두 생략하고 경영진에게 가장 중요한 정보를 전달하며 의사소통하는 것이다.

단 한 장으로 이루는 최고의 효율과 성과

ONE - PAGE PROJECT MANAGER FOR EXECUTION

03

ISO9000에 활용한 **OPPM**

태너 사는 품질경영시스템에서 업계 최고의 발전을 이루었다. 실제로 그 점을 뒷받침할 통계도 있다. 의문의 여지없이 태너 사는 품질경영의 리더였다. 하지만 경쟁사는 우리가 갖지 못한 무기를 가지고 있었는데, 바로 ISO9000/2000 인증이었다. 우리의 품질 매트릭스가 경쟁사보다 월등해도 ISO 인증을 받지 못하면 경쟁력을 잃게 될 처지였다. 현실적으로 보면 ISO9000/2000 인증을 획득해야 경쟁에서 우위를 유지할 수 있었기 때문에 회사는 인증 절차를 추진하기로 결정했다. 우리는 그 일에 'ISO9000 프로젝트'라고 이름을 붙였다. 보통 어떤 인증을 획득하는 프로젝트를 추진할 때 이런 식으로 명칭을 붙인다. ISO9000/2000은 ISO9000 시리즈 가운데 하나였다.

OPPM은 단독으로 사용되기도 하고, A3와 함께 사용되기도 한다. 이번 장에서는 OPPM을 활용한 프로젝트를 구체적으로 다룬다. 여기서 다룬 OPPM과 A3를 통합한 보고서는 5장에서 살펴볼 것이다.

💬 품질 보증 제도인 ISO 인증

ISO는 ISO 인증을 감독하는 국제표준화기구International Organization for Standardization의 약자이다. 1947년에 설립된 이 기구는 스위스 제네바에 본부가 있다. ISO가 추구하는 바는 기업이 자체적으로 측정할 수 있는 산업 표준을 확립하는 일이다. 일반적으로 그런 표준은 기술 지향적이다.

ISO의 표준은 다양한데, 가장 널리 알려진 표준이 ISO9000과 ISO14000이다. ISO9000은 품질 관련, ISO14000은 환경 관련 표준을 다룬다.

ISO9001/2000 인증은 기업의 핵심 프로세스와 그러한 프로세스를 모니터링하고 유지하는 방법과 관련된 절차를 심사한다. 또한, 상품의 결함을 확인하는 기준과 결함을 제거하기 위한 전략도 확인한다. ISO는 다음과 같이 언급한다.

"ISO9000은 '품질 경영'과 관련 있다. 이점이 의미하는 바는 기업이 고객의
만족도를 높이고 규제 요건을 충족하기 위해 무엇을 하는지, 또한 이와 관련한
성과를 향상하기 위해 어떤 노력을 하는지 등을 확인하는 것이다."

ISO9001/2000 인증의 표준은 2000년도에 마련되어 현재 널리 적용되고 있다. 이와 관련해 ISO는 "구체적인 요건을 충족한 상품 적합성을 보장해 주는 경영 시스템을 확립하고 싶다면 ISO9001/2000 인증을 얻어라." 하고 말한다. 여기에는 5가지 부문이 포함된다.

1. 상품 공급 활동
2. 품질경영시스템
3. 경영 책임
4. 자원 관리 및 측정
5. 분석 및 개선

💬 ISO 인증 획득하기

ISO 인증을 얻는 과정은 매우 복잡하고 노동과 시간이 집중적으로 투입된다. 우리는 각 과정마다 품질에 대한 명확한 목표를 세우고 문서화해야 했다. 또한, 주요 프로세스를 전면에 꺼내 놓고 그것을 모니터링하고 평가해서 회사가 추구하는 품질 수준을 유지하고 있다는 점을 증명해야 했다.

공급 업체로부터 공급받는 상품의 품질까지 검토했다. 한편, 한 기업으로서 회사의 각 업무에 필요한 숙련도를 결정하여 직원을 훈련하고, 그러한 훈련이 얼마나 효과적이었는지 평가해야 했다. 이러한 절차와 결과를 문서화하는 것이 ISO 인증을 획득하기 위한 주된 업무였다.

인증을 획득하는 일은 어렵기도 하고 비용도 많이 든다. 태너 사는 이미 조셉 주란Joseph M. Juran, 에드워즈 데밍Edwards Deming, 필립 크로스비Philip Crosby, 시게오 신고Shigeo Shingo 같은 경영 구루가 제안한 방법들이나 린 기업이 활용하는 각종 프로그램을 시행하고 있었다. 하지만 앞서 언급했듯이 품질에 대한 회사의 노력, 즉 지속적인 품질 개선을 위한 노력을 고객에게 알리기 위해서는 ISO 인증을 받아야 했다.

이러한 선전 효과가 인증을 얻으려고 했던 최초의 동력이었을지 몰라도 ISO의 취지가 회사에 깊이 스며들면서 품질 향상 문화가 사내에 널리 퍼졌다. 개인적인 생각으로 ISO 인증이 추구하는 방향은, 태너 사를 설립하고 64년 동안 회사를 이끌다가 1993년에 세상을 떠난 오버트 태너Obert Tanner의 철학과 완벽하게 조화를 이루었다. 우리 본사에 있는 청동 현판에는 설립자 오버트 테너의 말이 새겨져 있다. '완벽함의 끝자락에라도 닿아야 한다.' 이 말이 ISO 프로젝트의 슬로건이 되었다. ISO 인증은 품질을 더욱 향상시키는 데 기여했고, 완벽함의 끝자락에 닿도록 도와주었다. 지금부터 ISO 프로젝트를 추진하기 위해 작성한 OPPM을 살펴보자.

💬 프로젝트에 OPPM 적용하기

ISO9000 프로젝트를 추진하면서 OPPM의 표준 서식을 크게 변형할 필요는 없었다. 기본 사항으로 세부 목표가 들어가는데 보고서의 좌측 하단에 목록을 기록한다.

첫 번째 세부 목표는 조직 집중도이다. 이는 ISO 인증을 받기 위해 조직 차원의 노력이 필요하다는 뜻이다. 물론 어떤 프로젝트라도 회사의 강력한 지원이 필요

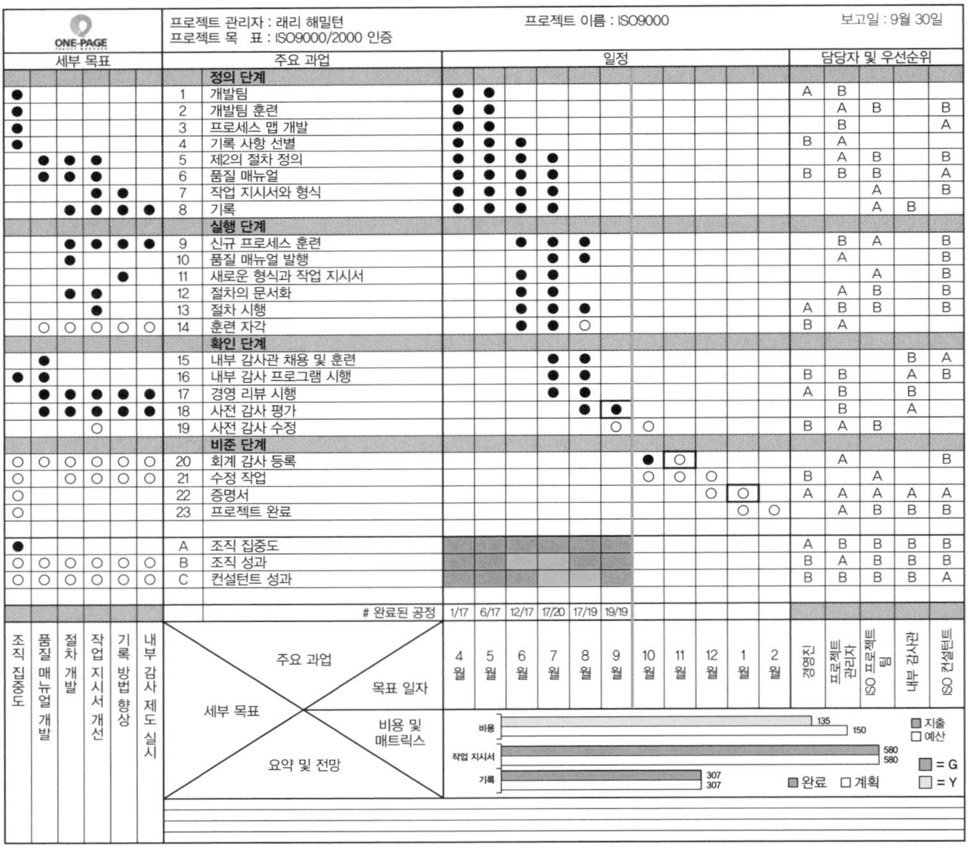

ONE-PAGE

프로젝트 관리자 : 래리 해밀턴
프로젝트 목 표 : ISO9000/2000 인증
프로젝트 이름 : ISO9000
보고일 : 9월 30일

세부 목표	#	주요 과업	일정	담당자 및 우선순위
		정의 단계		
●	1	개발팀	● ●	A B
●	2	개발팀 훈련	● ●	A B B
●	3	프로세스 맵 개발	● ●	B A
●	4	기록 사항 선별	● ● ●	B A
● ● ●	5	제2의 절차 정의	● ● ● ●	A B
● ● ●	6	품질 매뉴얼	● ● ● ●	B B B A
● ●	7	작업 지시서와 형식	● ● ●	A B
● ● ● ●	8	기록	● ● ●	A B
		실행 단계		
● ● ●	9	신규 프로세스 훈련	● ● ●	B A B
●	10	품질 매뉴얼 발행	● ●	A B
●	11	새로운 형식과 작업 지시서	● ●	A B
	12	절차의 문서화	● ●	A B B
	13	절차 시행	● ● ●	A B B
○ ○ ○ ○	14	훈련 자각	● ● ○	B A
		확인 단계		
●	15	내부 감사관 채용 및 훈련	● ●	B A
● ●	16	내부 감사 프로그램 시행	● ●	B B A B
● ● ● ●	17	경영 리뷰 시행	● ●	A B B
● ● ● ●	18	사전 감사 평가	● ●	A B B
○	19	사전 감사 수정	○ ○	B A B
		비준 단계		
○ ○ ○ ○ ○ ○	20	회계 감사 등록	● ○	A B
○ ○ ○ ○	21	수정 작업	○ ○ ○	B A
○	22	증명서	○ ○	A A A A
○	23	프로젝트 완료	○ ○	A B B B
●	A	조직 집중도		A B B B
○ ○ ○ ○ ○ ○	B	조직 성과		B B B B
○ ○ ○ ○ ○ ○	C	컨설턴트 성과		B B B A

완료된 공정 : 1/17 6/17 12/17 17/20 17/19 19/19

세부 목표 (하단):
조직 집중도 / 품질 매뉴얼 개발 / 절차 개발 / 작업 지시서 개선 / 기록 방법 향상 / 내부 감사 제도 실시

주요 과업 / 목표 일자	4월	5월	6월	7월	8월	9월	10월	11월	12월	1월	2월

담당자 우선순위: 래리 / 프로젝트 팀 / 각 관리자 / ISO 프로젝트 팀 / 관리자 파트너 / ISO 컨설턴트

비용 및 매트릭스 / 요약 및 전망:
비용 135 / 150
작업 지시서 580 / 580
기록 307 / 307

■ 지출 □ 예산 ■ = G ■ 완료 □ 계획 □ = Y

그림 3.1 **9월 ISO9000 프로젝트 보고서**

하다. 하지만 ISO 인증 같은 프로젝트는 경영진을 비롯해 회사 전 직원의 절대적인 노력이 필수적이다. 그래서 이 항목을 세부 목표에 넣었다. 그러한 노력이 뒷받침되지 않으면 겉보기에 더 긴급한 사안이 우선순위를 차지하기 쉽다. ISO 인증이 다른 사안에 밀리게 되면, 기업의 숙원 사업인 인증을 받지 못할 가능성이 커진다. 그래서 우리는 조직 집중도를 주요 과업 목록에도 넣었다(과업A).

앞서 언급한 것처럼 정보와 절차의 문서화는 ISO 인증 프로세스에서 매우 중요한 역할을 한다. 그래서 나머지 세부 목표인 품질 매뉴얼 개발, 절차 개발, 작업 지시서 개선, 기록 방법 향상, 내부 감사 제도 실시도 OPPM 하단에 기록하였으며, 이를 통해 관련 사항에 주의를 기울이라는 메시지를 전달할 수 있다.

💬 프로젝트의 단계

우리는 프로젝트를 네 단계로 세분했는데 다소 독특한 방법이었다. 가로로 회색 칸을 만들어 각 단계별 명칭을 나타냈다. 정의 단계, 실행 단계, 확인 단계, 비준 단계가 그것이다. 이 단계들은 ISO 획득 프로젝트의 기본적인 방법론을 나타내는데 이 방법으로 프로젝트 팀은 프로젝트 업무를 감당할 수 있는 분량으로 나누어 더욱 수월하게 집중할 수 있다. 이 단계에는 23개의 양적 과업(1-23번)과 3개의 질적 과업(A-C번)이 들어있다.

프로젝트가 매우 복잡해 보였던 터라 과업 대부분에 자체적인 OPPM이 별도로 있었다. 예를 들어, 과업 6의 '품질 매뉴얼'을 위한 OPPM이 따로 있었는데 매뉴얼을 만드는 일 자체가 중요한 프로젝트였기 때문이다.

과업 14의 '훈련 자각'은 별도의 OPPM을 만들 필요까지는 없었다. 이런 경우는 훈련 담당자가 자신의 책상에서 누구를 언제 훈련할 것인지 간단한 업무 리스트를 작성하면 그만이었다. 하지만 대다수의 과업은 규모가 상당히 크고 복잡했기 때문에 더욱 세밀하게 분리하여 담당자를 추가하고 세부 목표를 자세히 세우고 각각의 일정을 정할 필요가 있었다.

OPPM의 한 가지 강점이 '드릴다운Drill Down 분석'을 통해 필요하다면 과업을 나누고 또 나눠서 아무리 복잡한 프로젝트라도 OPPM에 적용할 수 있다는 점이다.

과업 A(조직 집중도), 과업 B(조직 성과), 과업 C(컨설턴트 성과)의 질적 측면은 몹시 중대한 사안이어서 프로젝트 전반에 걸쳐 이 과업들의 성과를 색상으로 표시했다. 컨설턴트를 고용하는 프로젝트이면, 컨설턴트가 회사에 매기는 점수와 회사가 컨설턴트에게 매기는 점수를 기록하기가 매우 수월하다. 그래서 우리는 어렵지 않게 과업 B와 과업 C를 달성할 수 있었다. OPPM에서 회사와 컨설턴트의 성과가 공개적으로 드러나기 때문에 경영진과 컨설턴트는 과업에 집중하려는 강력한 동기를 얻는다.

보고서의 우측에는 담당자 및 우선순위 영역이 있다. 여기서 담당자를 다섯 개 그룹, 즉 경영진, 프로젝트 관리자, ISO 프로젝트 팀, 내부 감사관, ISO 컨설턴트로 나눴다. 일반적으로 외부 사람을 담당자로 지명하지 않는다고 앞에서 이야기한 바 있다. 하지만 이 경우에는 예외적으로 주요 과업 4개에 컨설턴트를 담당자로 지정했다. 우리가 이런 결정을 한 이유는 컨설턴트가 특정 과업에서 매우 중요한 역할을 했기 때문이다. 이것은 타당한 결정이었다.

예를 들어, 과업 3의 '프로세스 맵 개발'의 주담당자는 컨설턴트였다. 이 과업을 어떻게 수행해야 하는지 내부 직원은 잘 모르고 있었던 반면, 컨설턴트는 능숙한 숙련도를 자랑했기 때문에 과업 완수의 최종 책임이 컨설턴트에게 맡겨졌다.

이처럼 OPPM은 고도의 융통성을 발휘하는 도구로써 그것을 활용하는 데 절대적인 원칙은 없다. 프로젝트는 중요한 업무이다. 그러니 프로젝트가 기준이 되어야

지 OPPM의 틀에 프로젝트를 끼워 맞추려고 해서는 안 된다.

'목표 일자'라는 항목으로 보고서 하단에 나타나는 일정은 프로젝트의 전체 기간(11개월)과 보고 기간(한 달에 한 번)을 보여 준다. 우리는 임의로 보고 기간을 한 달 단위로 선택했다. 격주로 보고를 할 수도 있었지만, 월별 보고만으로도 프로젝트를 충분히 점검할 수 있었다. 그리고 한 달에 한 번 정도는 보고서 작성을 위해 시간을 내도 무리가 없었다. 그래서 우리는 ISO9000 프로젝트의 진척 사항을 기록한 OPPM을 파워포인트 화면에 띄워 전체 경영진 앞에서 한 달에 한 번씩 보고했다.

ISO9000 프로젝트 보고서에서 대단히 중요한 필수 요소는 공정을 확인하고 문서화하는 것이었다. 공정의 개수는 프로젝트를 검토하면서 결정하며, 시간의 흐름에 따라 바꿀 수 있다. 공정은 작업 지시서 및 기록과 함께 철저하게 문서화되어야 한다. 우리는 두 가지 방법으로 OPPM의 문서화된 공정에 따라 프로젝트를 추진했다. 먼저 우리는 여러 과업의 테두리 안에서 업무를 진행했다.

또 다른 방법은 이 OPPM에서만 볼 수 있는 독특한 점인데 목표 일자 바로 위에 적힌 '#완료된 공정'이라는 항목을 사용한 것이다. 4월에 1개의 공정만 문서화했지만 과업을 진행하다 보니 완료된 공정이 17개였다. 그래서 4월 위 칸에 1/17로 표시했다. 7월에도 문서로는 공정 17개를 계획했지만, 3개의 공정이 더 필요하다고 판단했다(17/20). 이는 원래 계획한 공정 17개에서 3개를 추가했다는 뜻이다. 9월에는 19개의 공정만 완료했고, 처음부터 그 수치가 작성되었다(19/19).

주요 과업을 강조하기 위한 방법은 칸을 굵은 선으로 그리는 것이다. 지금 다루고 있는 OPPM에는 굵은 선으로 그린 칸이 세 개 있다. 한 가지는 과업 18의 '사전 감사 평가' 항목이다. 이 과업은 9월까지 완수해야 하는 과업으로, 굵은 선의 칸으로 강조되어 주의를 모으고 완수 일정을 보여 준다. 보고서에서 볼 수 있는 것처럼

이 과업은 기한 내 완수되었다. 또 한 가지는 11월까지 완수해야 하는 과업 20의 '회계 감사 등록'이다. 나머지는 과업 22의 '증명서'인데 1월까지 완수해야 했다. 이 세 가지가 프로젝트에서 가장 중요한 과업이었다.

여기서 기본 OPPM과 다른 점은 비용 영역인데 '비용 및 매트릭스' 옆으로 확장된 공간이 이 영역에 해당한다. 〈그림3.1〉의 지출에 해당하는 막대그래프를 보면 예산 15만 달러 중에서 13만 5000달러를 지출했음을 알 수 있다. 그래프가 노란색으로 칠해졌는데 예산을 조금 많이 썼다는 뜻이다.

이 영역에는 작업 지시서와 기록이 함께 표시되어 공정에 필요한 매트릭스를 보여 준다. 회사에 19개의 공정이 있었고, 작업 지시서는 580개가 있었다. 공정 하나에 100개의 작업 지시서가 필요한 경우가 있는가 하면, 1, 2개의 작업 지시서만 필요한 공정도 있었다. 그런 프로세스를 문서화하는 것이 기록이다. ISO9000처럼 복잡한 프로젝트에 활용되는 OPPM의 강점은 누구나 프로젝트의 진척 사항을 한눈에 평가할 수 있다는 것이다.

OPPM이 과업의 진척 상황을 얼마나 잘 보여 주는지 들여다보자. 이 장에서 다루는 OPPM의 일정 부문에서 과업 두 개는 지연되고 있고, 한 개는 목표 일정보다 빨리 진척되고 있는 상황이 눈에 띈다. 과업 14의 '훈련 자각'은 8월에 완료되어야 했지만, 보고 시점인 9월 당시에도 아직 완료되지 않았다. 과업 19의 '사전 감사 수정'은 계획된 9월에 진척 상황이 전혀 나타나지 않는다. 과업 20의 '회계 감사 등록'은 조기에 착수되어 목표 일자가 10월인데도 9월에 이미 완료되었다.

또 눈여겨 볼만한 점이 질적 과업이다. 과업 A는 프로젝트 전반에 걸쳐 순조롭게 진행되고 있다. 하지만 과업 B와 과업 C의 성과 수준은 일관적이지 않았다. '회사 성과'는 6월과 7월에 주춤했는데, 휴가 기간에 과업이 예상보다 더 지연되었던 것이다. 하지만 8월에 만회한 것으로 나타난다. '컨설턴트 성과'는 7월과 8월에 뒤

쳐졌지만, 곧 정상 궤도를 되찾아 9월에 일정이 맞춰진 것으로 확인된다.

이러한 정보들이 ISO9000 프로젝트 OPPM의 주요 요소였다. 매우 복잡한 프로젝트였는데도 OPPM은 크게 변형되지 않았다. 기본 형식을 아주 조금만 수정하여 경영진이 알아야 할 중요한 정보를 모두 한 장 안에 담았다.

결국, 태너 사는 목표한 기한 내에 ISO9000 인증을 받았다. 감사관이 내린 심사평에 따르면, 태너 사의 시스템은 ISO의 표준에 부합할 뿐만 아니라 과거 지원사들의 시스템에 비해 훨씬 탁월한 수준이고 탄탄한 기반을 갖추었다고 평가했다.

단 한 장으로 이루는 최고의 효율과 성과

04

A3란 무엇인가?

💬 도요타가 개발한 한 장 보고서

A3는 도요타가 개발하여 현재 전 세계의 수백 개 회사에서 사용하고 있는 표준화된 보고서이다. A3라는 명칭은 보고서를 작성하는 종이가 A3 용지라는 데서 비롯됐다. A3 용지를 사용하지 않는 경우, 타블로이드판 신문의 크기가 가장 비슷한 사이즈이다. 부록을 보면 A3 용지에 대해 더 많은 정보를 확인할 수 있다.

한 장의 보고서는 1970년대 휴렛패커드 Hewlett-Packard에서 최초로 사용한 것으로 보인다. 마이크 콜린스는 다음과 같이 이야기한다.

"나는 1980년대 아메리칸 스즈키 코퍼레이션에 근무할 때 A3를 처음 보았다. 나의 멘토였던 야스히코 카지카와(현재 스즈키의 사장 겸 글로벌 CEO)가 문제와 해법, 실행 방법을 단 한 장의 종이에 신속하게 기술하는 것을 보고 감탄을 금치 못했다.

당시 나는 그 많은 정보를 연속된 그림의 형태로 나타내는 것은 그의 예술적

감각 때문이라고 생각했다. 각각의 그림은 만화와 흡사했다. 만화처럼 나의 주의와 관심을 단번에 사로잡았다. 그 보고서는 또한 아주 명확하고 간결해서 쉽고 재미있게 읽을 수 있었다. A3를 사용하지 않는 아이디어 회의를 할 때와 비교해 보면 우리는 그의 '만화'에 대해 대단히 수월하게 이야기를 나누며 더 많은 정보에 대해 의사소통할 수 있었다. 특히, 내가 일본어를 전혀 못하고, 그의 영어 수준이 정확한 의사소통에 어려움이 있다는 사실을 고려하면 A3는 매우 유용했다. 그때 나는 내 앞에 있는 종이가 A3라는 것과 그것이 몹시 치밀하게 고안된 중요한 보고서라는 것을 알지 못했다. 그저 카지카와가 종이와 연필을 가지고 몇 분 만에 개략적인 상황을 정리하는 데 매우 탁월한 능력을 지녔다고 생각했을 뿐이다. 시간이 흘러 나는 많은 일본 엔지니어가 그렇게 간략한 보고서를 신속하게 작성할 수 있다는 사실에, 그리고 그들이 초등학교 때부터 그 방법을 배웠다는 데 놀랐다.

나중에서야 A3가 도요타에서 개발되어 활용되고 있다는 사실을 알게 됐다. 이 도구의 철학과 사용 방법을 이해하면 나도 훌륭한 보고서를 작성할 수 있을 것 같았다. 일본 친구들처럼 만큼은 아니지만, 이제는 나도 간결하고 흥미롭고 유익한 정보를 담은 한 장의 A3를 작성할 수 있게 되었다."

이 보고서는 일반적으로 A3 용지의 한 쪽 면에 기록된다. A3의 강점은 장황한 설명 대신 그림, 그래프, 도해 등을 많이 사용한다는 것이다. 요즘은 컴퓨터로 A3를 작성하는 경우가 있지만, 손으로 직접 기록하는 것이 더 좋은 방법이다. 수작업으로 하면 컴퓨터를 잘 다루지 못하는 사람도 얼마든지 A3를 작성할 수 있다. 무엇보다 연필과 종이로 이 보고서를 작성하면 문제가 발생하는 그 순간에 시간과 장소에 구애받지 않고 정보를 수정하며 기록할 수 있다.

사실 종이의 사이즈나 작성 수단보다 더 중요한 사항은 A3의 기법, 즉 '데밍 사이클Deming cycle'과 과학적 방법이다.

💬 업무 효율을 높이는 데밍 사이클

데밍 사이클은 이 기법을 고안한 에드워즈 데밍Edwards Deming의 이름을 따서 지었다. 데밍 사이클에는 계획 및 프로젝트를 성공적으로 실행시키기 위한 계획Plan, 실행Do, 평가Check, 개선Act의 기본적인 4단계가 있다. 이 단계를 반복하여 순환해 업무 효율을 지속적으로 향상시키는 생산 및 품질 관리 방법으로, 이른바 'PDCA 사이클'이다.

우리가 업무를 급하게 추진하다 보면 계획 단계를 건너뛰거나 대충 생각하기 쉽다. 그리고 실행하기 전에 계획을 세우는 과정이 상당히 비효율적인 시간 낭비라고 생각한다. 하지만 결국 실행 도중에, 또는 실행 이후에 왜 치밀하게 계획을 하지 못했을까 후회하는 일이 종종 생긴다. 실행 단계를 서둘러 추진하면 현재 상황이 정상 궤도에 있는지, 목표를 달성하고 있는지 등 점검 대상을 평가하지 못하는 일 또한 많다. 이러한 문제들이 생기면 계획이나 프로젝트는 삐걱거리기 십상이다.

OPPM과 A3는 계획이나 프로젝트를 실행할 때 앞서 언급한 치명적인 실수를 피하는 데 도움을 준다. 잘 작성된 A3에는 'PDCA 사이클'이 한 번 이상 순환한다. 태너 사에서 우리는 이런 도구를 활용해본 결과, 계획과 프로젝트의 성공이 OPPM 및 A3와 밀접한 관련이 있다는 사실을 발견했다. 만약 이 도구들을 활용하는 법을 배운다면, 당신도 우리가 경험한 것처럼 많은 이득을 얻게 될 것이다.

💬 문제를 해결하는 과학적 방법

'과학적 방법'이라는 표현이 조금 어렵게 느껴질 수도 있지만, 과학적 방법이란 현재 존재하는 문제 해결법 가운데 최상의 방법을 나타내는 단순한 칭호일 뿐이다. 사실 우리는 일상생활에서 과학적 방법을 많이 사용한다.

흔히 사용하는 토스터기를 예로 들어보자. 온도가 1-10단계로 조절되는 토스터기를 새로 샀다고 하자. 토스터기를 처음 사용할 때 먼저 매뉴얼을 꼼꼼히 살펴보고, 자신의 취향에 맞는 토스트를 구우려면 5단계로 설정해야 한다고 생각한다. 5단계를 누르고 빵을 구워 보니 자신이 원하는 바삭한 느낌이 없다. 다음번에는 7단계로 온도를 높인다. 이번에는 너무 탔다. 그렇게 여러 번 사용한 후에 6단계에서 겉은 바삭하고 속은 부드러운 완벽한 토스트가 구워진다는 것을 알게 된다.

바로 이것이 문제를 해결하는 과학적 방법이다. 우선 특정 상황을 연구한다. 그러고 나서 연구한 내용을 바탕으로 결정을 내린다. 앞의 예에서 5단계를 적절한 설정이라고 생각한 후 실험을 통해 테스트했다. 그리고 실험을 근거로 결론에 이르게 됐다. 만족스러운 결론이 나오면 실험을 하면서 알게 된 정보를 현실에 반영하지만, 그렇지 않으면 과정이나 생각을 조정하고 다른 방법을 써서 실험을 다시 시도한다. 설정을 달리 해서 토스트를 구웠듯이 말이다.

이러한 과학적 방법의 단계는 가설이나 분석 같은 과학 용어로 설명된다. 하지만 태너 사 직원 중 63%에 이르는 사람들의 모국어가 영어가 아니었던 탓에 그러한 용어를 이해하는 데 어려움이 있었다. 우리는 그들이 더 신속하게 배우고 이해할 수 있는 간단한 표현이 필요했다. 그래서 'STEPS 모델'이라는 명료한 절차를 만들었다. STEPS는 관찰하고See, 생각하고Think, 실험하고Experiment, 증명하고Prove, 지속하는Sustain 절차의 약자이다. 앞으로 이어지는 내용에서 문제 해결을 위해 과학적 방법의 스토리 라인이 필요할 때마다 'STEPS 모델'을 활용한다.

💬 A3의 스토리 라인

A3의 핵심 요소는 특정 스토리를 '간결하면서도 사실적이고 완벽하게' 전달하는 것이다. 'PDCA 사이클'과 과학적 방법인 'STEPS 모델'을 활용한 A3는 우리가 정확한 스토리를 있는 그대로 전달하고 스토리의 가장 필수적인 정보만 제공할 수 있도록 돕는다. 스토리 라인을 통해 우리는 간단명료하면서 읽기 쉽고 흥미로운 보고서를 작성할 수 있다. 그에 더해 프로젝트를 실행하는 내내 특정 상황에서 어떤 판단을 내려야 하는지 스토리 라인이 방향을 제시한다.

그러면 스토리 라인이 전달하는 스토리는 무엇인가? A3에는 어떤 스토리나 가능하다. 기업 전략을 규정하거나 그것에 대해 의사소통할 때 A3를 활용할 수 있다. 또한, 여기에 해결해야 할 문제, 해결 단계, 사용할 수 있는 해법, 제시된 해법의 테스트, 최종 해법의 실행까지 담을 수 있다.

스토리 라인은 어떤 스토리를 전달하느냐에 따라 변형되기도 한다. 당신이 전략 전개를 위해 A3를 사용한다면 이것의 스토리 라인은 주로 'PDCA 사이클'로 전개될 것이다. 반면, 문제 해결을 목적으로 할 때는 A3의 스토리 라인이 과학적 방법인 'STEPS 모델'로 구성된다. 다양한 스토리에 A3가 적용되지만, 이 책에서는 가장 널리 쓰이는 전략의 전개 및 실행과 문제 해결에 초점을 맞춘다. 모든 전략 실행에는 수많은 문제 해결 과정을 수반하기 때문에 이 둘은 밀접한 관련이 있다. 그래서 이 책이 제시하는 A3는 업무 수행과 관련된 전략 실행을 다룬다.

💬 A3의 예시

지금까지 설명한 A3를 다음 페이지의 〈그림 4.1〉에서 확인해 보자.

개요 및 주요 목표

– 고무 큐어링을 위한 오븐 작동 시간을 50% 줄여 거밍 프로세스 최적화하기

• 관찰하기(SEE) 단계 : 프로젝트의 배경

'거밍'은 엠블럼의 윤을 내지 않는 표면이나 바탕을 고무 물질로 바르는 프로세스이다. 윤을 내지 않는 표면이 광택 프로세스에서 가열되거나 윤이 나는 것을 막기 위함이다. 광택 프로세스 전에는 오븐 속에서 고무가 큐어링되어 있어야 하며, 최종 버프 연마 이후 제거해야 한다. 이 프로세스에서는 부가가치가 창출되지 않는다.

• 관찰하기(SEE) 단계 : 현재 조건

최적의 큐어링을 위해 200℃/8분으로 오븐이 설정되었다.

• 생각하기(THINK) 단계 : 목표

오븐 작동 시간을 최소 4분으로 줄여야 한다.(50% 감소)

• 생각하기(THINK) 단계 : 대책

오븐 작동 시간을 줄일 수 있는 시간 및 온도의 최적화된 조합을 찾아야 한다. 개선을 위한 도구로 '식스 시그마(Six Sigma)'를 활용한다.

• 실험하기(EXPERIMENT) 단계 : 진척 상황

고무가 큐어링됐는지 어떻게 측정할 것인가? 즉, 큐어링 여부를 어떻게 판단할 것인지 기준을 정해야 했다. 고무는 수분을 포함한 혼합 물질이기 때문에 수분 손실(%)에 대한 측정이 적절한 판단 기준이 될 것이다.

우리는 수분 손실(%)이 증가했다는 것을 증명하기 위해 경도 실험을 했다. 실험 결과, 고무의 경도 및 강도가 높아졌다. 수분 손실과 경도는 정비례 관계에 있다는 사실에 유의하자.

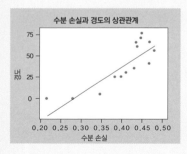

수분 손실과 경도의 상관관계

수분 손실(%)의 계산 과정

1. 엠블럼의 건조 중량 확인
2. 고무 도포 후 엠블럼 중량 재기
3. 1과 2의 중량 차이 확인(고무 중량1)
4. 오븐으로 큐어링을 한 후 엠블럼 중량 재기
5. 4의 중량에서 엠블럼 건조 중량을 빼기(고무 중량2)
6. 고무 중량2를 고무 중량1로 나누기(%)

엠블럼 중량		고무 중량1
고무 도포 후	건조	(차이)
0,340	0,300	0,040

엠블럼 중량		고무 중량2
큐어링 후	건조	(차이)
0,325	0,300	0,025

고무 중량2÷고무 중량1	
수분 손실(%)=	62.5%

경도는 듀로미터로 측정했다.

우리는 오븐 온도의 범위를 정하고 싶어서 먼저 400℃, 375℃, 350℃, 275℃, 260℃, 250℃를 설정하고 시작했다. 실험 결과, 이 온도들은 너무 높았다. 고무에 기포가 발생하고 표피가 벗겨졌다. 오븐 내에서 온도가 10℃ 가까이 오르내리기 때문에 최고 온도로 230℃를 결정했다. 240℃로 정하면 250℃까지 높아질 수 있어 우리가 정한 한계를 벗어난다. 최저 온도로는 130℃로 설정해 우리가 실험을 할 수 있는 온도는 130~240℃였다.

'스크리닝' 실험은 프로세스에서 큰 변화가 없음을 보여 주었다. 우리는 거밍 프로세스에 영향을 주는 모든 요인을 실험했고 시간과 온도, 엠블럼이 중요한 요인이라고 판단했다.

요인	유형	단계	측정 기준
온도	고정	2	130℃, 230℃
시간	고정	2	2분, 8분
고무	고정	2	신제품, 구제품
엠블럼	고정	2	깊은 문양, 얕은 문양

엠블럼은 우리가 통제할 수 있는 요인이 아니었다. 그래서 시간과 온도를 바탕으로 프로세스를 최적화하기로 했다.

요인	유형	단계	측정 기준
시간	고정	2	3, 4, 5
고무	고정	2	200, 220, 240
엠블럼2	고정	2	1, 2, 3(깊이 수준)

• 실험하기(EXPERIMENT) 단계 – 검토

235℃와 4분이 최적임을 발견했다.

최상의 조건: 240℃, 3~4분
최악의 조건: 200℃, 3분
최상의 결과물이 나올 조건: 235℃, 4분
최악의 결과물이 나올 조건: 200℃, 3분
중간값의 결과물이 나올 조건: 220℃, 3분 30초
시그마 식스 테스트를 완료했다.

• 검증하기(PROVE) 단계 – 성공적인 대책

고무 큐어링을 위한 오븐의 설정을 235℃와 4분으로 바꿨다. 이렇게 설정한 이후 엔젤스 앤 매직(Angels and Magic)에 기포가 발생하는 문제가 생겼다. 테스트를 더 실시해 보니 오븐 내 온도의 변동이 대단히 컸다. 30~40℃가 오르내리기도 했다. 이유는 오븐마다 설계가 조금씩 다르기 때문이었다. 그리고 오븐의 설계 자체가 지속적인 온도를 유지해 주지 못했다.

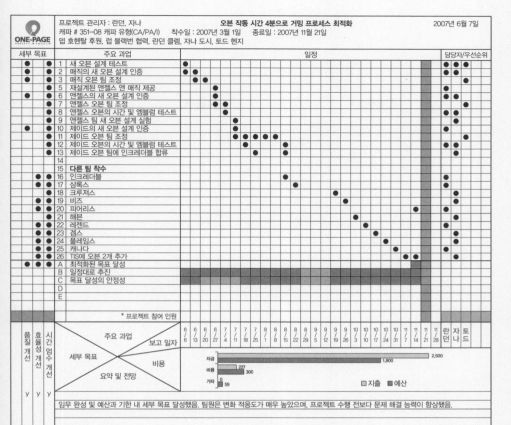

ONE-PAGE

프로젝트 관리자 : 란던, 자나
캐파 # 351-08 캐파 유형(CA/PA/I)
뎁 호헨탈 후원, 럽 블랙번 협력, 란던 클렘, 자나 도시, 토드 헨지

오븐 작동 시간 4분으로 거밍 프로세스 최적화

착수일 : 2007년 3월 1일   종료일 : 2007년 11월 21일

2007년 6월 7일

세부 목표				주요 과업	일정	담당자/우선순위
●			1	새 오븐 설계 테스트		● ● ●
●			2	매직의 새 오븐 설계 인증		● ● ●
●			3	매직 오븐 팀 조정		● ●
			5	재설계된 앤젤스 앤 매직 제공		●
	●		6	앤젤스의 새 오븐 설계 인증		● ●
			7	앤젤스 오븐 팀 조정		● ●
			8	앤젤스 오븐의 시간 및 엠블럼 테스트		● ●
			9	앤젤스 팀 새 오븐 설계 실험		●
●			10	제이드의 새 오븐 설계 인증		● ●
			11	제이드 오븐 팀 조정		● ●
			12	제이드 오븐의 시간 및 엠블럼 테스트		● ●
			13	제이드 오븐 팀에 인크레더블 합류		● ●
			14			
			15	다른 팀 착수		
	● ●		16	인크레더블		● ●
	● ●		17	샤록스		● ●
			18	크루져스		●
			19	비즈		●
			20	피어리스		● ●
			21	해븐		●
			22	레젠드		●
			23	겜스		●
			24	플레임스		●
			25	캐나다		●
			26	TIS에 오븐 2개 추가		●
●	● ●		A	최적화된 목표 달성		●
			B	일정대로 추진		
			C	목표 달성의 안정성		
			D			
			E			

* 프로젝트 참여 인원

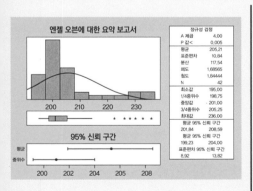

품질개선	효율성개선	시간엄수개선
y	y	y

주요 과업 / 보고 일자
세부 목표
요약 및 전망 / 비용

자금 .... 1,800 / 2,500
비용 227 / 300
기타 59

□ 지출 ■ 예산

임무 완성 및 예산과 기한 내 세부 목표 달성했음. 팀원은 변화 적응도가 매우 높았으며, 프로젝트 수행 전보다 문제 해결 능력이 향상됐음.

엔젤 오븐에 대한 요약 보고서

정규성 검정
A 제곱   4.00
P 값<   0.005
평균   205.21
표준편차   10.84
분산   117.54
왜도   1.68565
첨도   1.84444
N   42
최소값   195.00
1/4분위수   198.75
중앙값   201.00
3/4분위수   205.25
최대값   236.00
평균 95% 신뢰 구간
201.84   208.59
표준편차 95% 신뢰 구간
199.23   204.00
표준편차 95% 신뢰 구간
8.92   13.82

95% 신뢰 구간

평균
중위수

· 관찰하기(SEE) 단계 – 현재 오븐의 조건
측면에 있는 팬을 통해 외부 공기가 안으로 유입되어 가열 코일에 직접 닿았다. 열기가 상승해 상부에 있는 3개의 관을 통해 외부로 빠져나간다.

· 생각하기(THINK) 단계 – 토드 헨지와 논의
상부에 있는 관을 차단하여 외부 공기의 유입을 막고 내부 팬을 작동해야 한다는 점에 의견을 모았다.

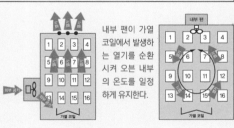

내부 팬이 가열 코일에서 발생하는 열기를 순환시켜 오븐 내부의 온도를 일정하게 유지한다.

· 실험하기(EXPERIMENT) 단계
오븐 내부의 온도를 테스트한 결과 온도가 일관성 있게 유지됐다. 평균 5~8℃의 변화를 보였다.

· 검증하기(PROVE) 단계 – 대책
앤젤스 팀과 매직 팀에서 3주 간 새로운 설계를 테스트했다. 문제점이 발견되지 않았다. 두 팀 모두 고무의 큐어링이 일관성을 유지한다고 평가했다.

· 지속하기(SUSTAIN) 단계 (최적의 방법 – 점검 – 정착)
모든 엠블럼 팀이 새로 설계된 오븐을 사용했다. 별도의 훈련은 필요하지 않았다. 세부 목표들을 달성했고 지속시켰다.

단 한 장으로 이루는 최고의 효율과 성과

ONE - PAGE PROJECT MANAGER FOR EXECUTION

05

ISO9000 프로젝트 실행을 위한
OPPM/A3

이번 장에서는 OPPM과 A3를 하나로 통합하여 실행에 도움이 되는 간단하면서도 대단히 강력한 문서이자 도구인 'OPPM/A3'를 작성해 보자. 이에 대한 사례로 태너 사가 ISO 인증을 획득하기 위해 OPPM/A3를 어떻게 활용했는지 살펴볼 것이다.

이 책에서는 A3의 기본 요소와 활용 방법을 간략히 소개한다. 여기서는 A3에 대해 학술 논문처럼 속속들이 파헤치지는 않지만, A3에 익숙하지 않은 사람도 이번 장을 다 읽은 후에는 다음의 사항들을 모두 알 수 있을 것이다.

1. OPPM/A3를 구성하고 작성하는 방법
2. 전략 실행, 업무 수행에 더욱 탁월해지기 위한 직원들을 위한 OPPM/A3 활용법
3. 더 효과적인 의사소통을 통해 성공적인 리더가 되기 위한 경영진을 위한 OPPM/A3 활용법
4. A3의 간결함과 강력함

💬 OPPM/A3 작성하기

OPPM/A3는 A3 용지를 사용하거나 타블로이드판 신문 크기의 용지를 사용하면 된다. 용지를 반으로 접에 OPPM/A3를 작성하고, 읽을 때는 신문처럼 펼쳐 읽는다. 이 보고서를 반으로 접으면 만들어지는 각각 나뉜 면에 세로 칸을 두 개씩 만든다.

관련 프로젝트나 문제 해결 노력, 개선 방안에 대해 종이의 앞뒤 면을 모두 사용해 설명하고 싶다는 생각이 들어도 한 면에만 정보를 기록해야 한다. 그래야 우리의 생각을 더욱 간결하고 집중적으로 표현할 수 있기 때문이다. 그러니 이 보고서를 활용하기 위한 첫 번째 단계는 한 면만 사용하기 위해 노력하는 것이다. 〈그림 5.1〉이 이런 형식을 잘 보여 준다.

〈그림 5.2〉처럼 전략을 전개할 때는 PDCA 스토리 라인을 사용한다.

〈그림 5.3〉처럼 문제 해결 과정을 전개할 때는 STEPS 스토리 라인을 사용한다

OPPM의 표제 영역이 그대로 A3의 표제 영역이 된다는 점에 유의해야 한다. 린 원칙에 따라 표제의 중복 기록을 피한다.

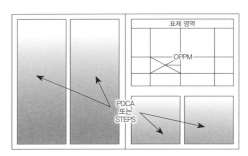

그림 5.1 OPPM/A3 서식

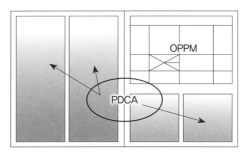

그림 5.2 PDCA 스토리 라인을 사용한 OPPM/A3

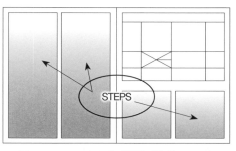

그림 5.3 STEPS 스토리 라인을 사용한 OPPM/A3

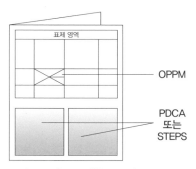

그림 5.4 반으로 접힌 OPPM/A3

〈그림 5.4〉를 보면 보고서를 반으로 접은 한쪽 면이 신문의 한 면처럼 보인다.

연구 자료나 실험 데이터, 세부 사항 등 프로젝트의 내용을 뒷받침하는 자료가 필요하다면, 접힌 OPPM/A3를 파일 홀더처럼 사용해 그 안에 필요한 서류를 넣어 보관하면 좋다. OPPM/A3 자체에는 경영진에게 필요한 요약된 정보만 담고, 그외 연구나 실험 자료, 세부 사항을 기록하지는 않는다.

〈그림 5.5〉처럼 OPPM/A3를 보관하거나 OPPM/A3와 그 외 자료를 함께 모아두기 위한 용도로 앞면이 1/2이나 1/3로 나뉜 투 포켓 파일을 사용해도 좋다.

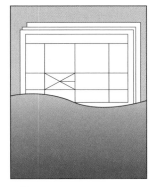

그림 5.5
투 포켓 파일에 보관된 OPPM/A3

이때 프로젝트의 주제가 쉽게 보이도록 OPPM/A3의 표제 영역이 정면에 나타나게 해야 한다. OPPM/A3 자체가 경영진이나 이해 관계자에게 보고하기 위한 것인 동시에 프로젝트나 계획을 실행하기 위한 문서이기 때문이다. OPPM/A3와 그 안에 담긴 전체 파일은 프로젝트 관리에 실제적으로 활용되는 문서이다.

💬 지속적인 개선을 위한 'PDCA 사이클'

다음 그림으로 된 예시를 통해 태너 사의 ISO 프로젝트 보고서인 OPPM/A3를 살펴보자. 이 프로젝트의 목적은 특정 문제의 해결이 아니라 필요한 개선을 위한 전략적 계획이었기 때문에 PDCA가 적절한 스토리 라인이다. PDCA라는 개념이 낯선 사람은 다음 설명을 통해 PDCA 사이클을 알아보자.

에드워드 데밍이 고안한 PDCA 사이클은 도요타에서 활용되면서 널리 알려졌다. 계획Plan-실행Do-평가Check-개선Act, 즉 PDCA는 지속적인 개선을 위한 순환 시스템 이다.

PDCA의 1단계는 '계획Plan'이다.

그림 5.6 **PDCA 사이클**

계획 단계에서는 개선 사항을 명확하게 규정한다. 여기에는 문제의 해법, 아이디어 테스트, 그 밖의 필요한 개선 등이 포함된다. 또한, 상황을 설정하고 연구하며 분석한다. 팀원은 '드릴다운Drilldown' 분석으로 근본 원인을 하나하나 파헤치고 가장 창의적인 접근 방법과 최상의 해법을 도출하기 위해 노력한다. 이 단계의 최종 과정은 일정을 계획하는 것이다.

OPPM/A3에서는 OPPM 부분이 계획에 해당한다. OPPM은 보고서를 검토하는 사람뿐만 아니라 모든 이해 관계자에게 프로젝트의 최종 목적이 무엇인지 명확하게 규정해 준다. 또한, 프로젝트의 기간, 참여자, 과업 등에 대해 의사소통하게 한다. 이러한 기능을 통해 모든 이해 관계자의 협력과 집중을 끌어내는 것이 OPPM의 강점이다.

OPPM/A3의 계획 단계에서 A3는 다양한 대책들과 계획의 도출 과정을 설명한다. 개선의 필요성과 타당성도 여기서 제시한다. 이 과정에서 프로젝트의 참여자를 포함한 모든 관계자는 창의성과 통찰력을 나타내며 적극적으로 참여하고 지원하게 된다.

PDCA의 2단계는 '실행Do'이다.

그림 5.7 **PDCA 사이클**

이 단계는 계획을 실행하는 단계로 OPPM에서 진척 상황을 시각적으로 명확하게 전달하고 성과를 그림으로 묘사한다. 이를 통해 OPPM은 경연진과 모든 관계자가 예외적인 상황이나 변동에 주목하고 그에 대한 적절한 판단을 내릴 수 있게 돕는 도구가 된다. 실행 단계에서 A3는 계획이 실행되면서 발생하는 문제를 포착한다. 어떤 업무가 진행 중인지, 진행되지 않은 업무는 무엇인지, 이유가 무엇인지, 어떤 조정을 왜 해야 하는지 등을 A3에서 파악할 수 있다.

A3를 작성하면서 기억해야 할 점이 있다. 당신이 작성한 보고서는 현재뿐만 아니라 미래에도 영향을 미친다는 사실이다. 후배들은 우리의 실수에서 교훈을 배우고 우리의 성공을 보고 계획을 세운다. 이는 우리의 경험이 기록으로 남아 있지 않

으면 불가능하다. A3는 우리의 경험을 고스란히 담아내며, 현재 진행 상황을 경영진이 명확하게 이해할 수 있게 해 준다.

PDCA의 3단계는 '평가Check'이다.

그림 5.8 PDCA 사이클

이 단계는 계획한 업무 결과를 분석하여 목표가 계획대로 달성됐는지, 각 업무들이 전략의 취지를 제대로 살렸는지 점검하고 확인하는 단계이다. 여기서 '평가'라는 단어 대신 '검토study'라는 표현을 쓰면 이해하기가 더 쉽다. 계획에 따라 진행하고 있는지, 더 할 수 있거나 해야 하는 업무는 무엇인지 자문하고 숙고하는 단계이기 때문이다. 이러한 사고 과정과 결론이 A3에 그대로 담겨 미래에 비슷한 과정을 밟을 우리의 후배들에게 매우 유용한 도구가 된다.

그 다음 단계는 '개선Act'이다.

그림 5.9 PDCA 사이클

이 단계에서 계획한 바를 달성하지 못했거나 결과물이 예상과 다르다는 것을 알게 되면 개선해야 한다. 적절한 계획 진행과 목표 달성을 위한 박차를 가하기 위해 필요한 조정을 해야 한다.

가장 큰 교훈은 실패에서 나온다는 사실을 깨닫고 실패에서 교훈을 찾아야 한다. OPPM/A3에서 A3의 내용이 그러한 교훈을 알려 주는데, 이는 A3의 유용성이 입증되는 중요한 대목이다.

평가 단계에서 계획대로 달성했다는 점을 확인하면, 개선 단계에서 적어도 두 가지 일은 반드시 해야 한다.

첫째, 적절한 사고 과정, 알게 된 점, 결과 등을 OPPM/A3에 정확하게 기록한 후 회사 내 모든 관계자에게 제공하여 당신이 얻은 교훈을 조직 전체에 전파해야 한다.

둘째, 차후 과정이나 개선 사항이 무엇인지 확인하여 PDCA 사이클을 다시 시작해야 한다. 이것이 지속적인 개선 정신이다. 하나의 PDCA 사이클이 또 하나의 사이클을 이끌어내는 것이다.

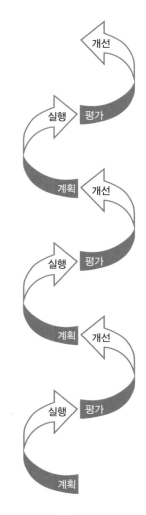

그림 5.10
PDCA의 지속적인 개선 사이클

💬 OPPM/A3를 활용한 ISO 인증 과정

태너 사는 몇 년 전부터 린 기업의 모습을 갖춰 나가고 있었다. 그런데 2003년 영업부가 우리 회사도 ISO 인증을 받자는 제안을 했다. ISO 인증이 회사의 세계적인 확장을 위한 필수 요건이고, 시장에서 우위를 지키기 위한 절대적인 무기라고 주장했다.

당시 회사는 잘 정비된 프로세스와 시스템을 가지고 있었다. 하지만 ISO는 우리가 사용하는 것과 다른 소프트웨어 언어를 사용했기 때문에 그러한 ISO 인증에 초점을 맞추다 보면 회사가 오랜 시간 노력해 확립한 시스템이 무용지물이 될 게 뻔하다고 사람들은 생각했다. 몇 년 동안 공들인 매우 훌륭하고 성공적인 시스템이 물거품이 되는 일 없이 ISO 인증을 받는 일은 분명히 도전이었다. 이 시기에 회사의 린 경영에는 탄력이 붙기 시작했는데 그 분위기를 잃고 싶지도 않았다. 더욱이 ISO 인증을 받으려면 수많은 문서와 프로세스를 추가해야 했는데, 이는 린 원칙을 실천하는 우리의 방향과 완전히 어긋났다. 그럼에도 회사의 경영진은 ISO 인증이 매우 의미 있는 일이기 때문에 회사가 전략적으로 추진해야 한다고 판단했다.

ISO 인증이 문제를 해결하는 일과는 무관했음에 주목하자. 그 일을 달성하기 위해서 해결해야 할 문제들이 있었지만, 이 프로젝트 자체는 어디까지나 전략적 계획이었다. 전략적 계획에는 PDCA 스토리 라인을 적용하는 것이 가장 적절했다.

- 프로젝트 완수를 '계획'하기
- 계획을 '실행'하기
- 결과를 '평가'하기
- 계획과의 불일치를 점검하고, 발전을 위해 어떤 노력이 필요한지 판단하고 '개선'하기

💬 표제 영역

우리는 OPPM/A3를 작성할 때 우선 OPPM의 표제 영역부터 간단하게 만들었다.

표제 영역에는 프로젝트 이름 또는 계획자와 함께 지원자, 협력자, 팀원의 이름,

해당 날짜 등이 기록된다.

ISO 인증 프로젝트의 표제 영역은 다음 그림에서 볼 수 있다.

프로젝트 관리자 : 래리, 해밀턴	프로젝트 이름 : ISO9000	보고일 : 2003년 9월 30일
프로젝트 목표 : ISO9001/2000 인증 획득		

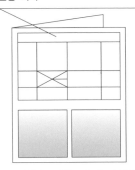

그림 5.11 **ISO 인증 프로젝트 OPPM/A3의 표제 영역**

일반적으로 훌륭한 A3에는 계획 단계에 6가지 요소가 포함되어 있다.

1. 배경 상황

2. 현재 상황

3. 근원(원인) 분석

4. 미래 상황(목표)

5. 대책

6. 이행

▶▶계획 – 배경 상황

ISO 인증을 받기 위한 OPPM/A3에서 가장 먼저 작성한 것은 배경 상황에 대한 언급이다. 타블로이드판 신문 크기의 종이를 사용해 가장 좌측면에 ISO 인증이 필요한 이유를 설명했다.

배경 상황을 작성할 때는 현재 문제를 명확하게 언급하고, 그 문제를 야기한 상황을 간단명료하게 서술해야 한다. 당시 우리가 작성한 배경 상황은 매우 간단했다.

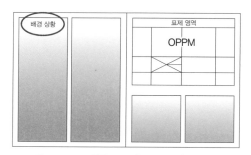

그림 5.12 **ISO 인증 프로젝트 OPPM/A3의 서식**

- 지금까지 회사는 어떤 부문에서도 ISO 인증을 받지 못했다.
- ISO 인증은 고객의 요구 조건이다. 사실 회사가 ISO 인증을 받지 못했기 때문에 거대 고객(주요 화학 제조업체)을 잃었다. 우리 회사가 업계 최상의 품질로 선두를 지키고 있지만, 회사에 ISO 인증이 없다는 사실 때문에 ISO 인증을 무기로 삼고 있는 경쟁사의 공격을 받고 있다.
- 외국으로 시장을 확장하기 위해서 ISO 인증이 필요하다.

〈그림 5.13〉에서 우리가 OPPM/A3에 작성한 배경 상황을 볼 수 있다.

ISO 인증이 필요한 배경 상황을 간략하게 언급한 일은 신속하게 과업을 이해하고 비전을 세우는 데 탁월한 도움을 주었다.

배경 상황

경쟁업체들이 우리 회사가 ISO 인증을 받지 못한 문제를 공격 대상으로 삼기 시작했다. 그런 이유 때문에 최근 입찰에 실패했다.

회사는 시장을 세계적으로 확장하기 위해 공격적인 영업에 착수했다. 이 과정에서 ISO 인증을 얻는 일의 중요성이 점차 커지고 있다. ISO 인증 없이 외국 시장에서 의미 있는 수치의 시장 점유를 달성할 수 없다.

ISO 인증 절차를 밟아본 적은 없지만, 연말까지 ISO 인증을 획득하는 것이 우리의 목표이다.

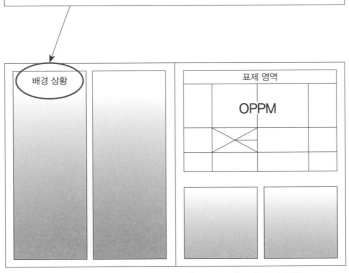

그림 5.13 **ISO 인증 프로젝트 OPPM/A3의 배경 상황**

▶▶ 계획 - 현재 상황

다음 요소는 현재 상황에 대한 현실적이고 분명한 언급이다. 여기에는 상당한 노력을 기울여 자료 수집, 가치흐름도 작성, 점검, 관찰, 측정 등 조사하고 연구하는 과정이 수반되기도 한다. 이 부분에서 언급된 내용을 토대로 개선이 제대로 이루어졌는지 평가하기 때문에 최소한 몇 가지 핵심 요소는 측정할 수 있는 업무이어야 한다.

프로젝트를 진행하면서 ISO에 대한 정보가 거의 없었던 탓에 상당한 시간이 걸렸다. 우리는 가능한 최단 시간 안에 ISO에 대해 완전히 파악해야 했다. 이 지점에서 심각한 문제 한 가지가 불거졌다. 직원 1,600명 가운데 ISO 업무 경험을 가진 사람이 한 명도 없었던 것이다. 우리는 ISO 인증을 받기 위한 요건이나 해야 할 업무를 거의 모르고 있었다. 더구나 ISO 인증을 지원하기 위해 어떤 프로세스를 갖춰야 하는지도 몰랐다. 누가 봐도 외부의 도움이 필요했다. 그래서 고도로 전문적인 ISO 컨설턴트를 채용하기로 결정했다.

ISO 컨설턴트의 도움을 받고 즉시 깨달은 것은 회사의 기존 프로세스와 시스템을 철저하게 감사해야 한다는 사실이었다. 그래야 ISO 표준과 비교하여 어떤 노력을 해야 하는지 기준을 정할 수 있었다. 또한, ISO 인증원에 인증 서비스를 요청해야 한다는 점도 알게 되었다.

여기서 주목해야 할 사실은 프로젝트를 추진하면서 배움을 얻는다는 것이다. ISO 프로젝트 추진 초반에 이루어진 자체 감사와 외부 전문가 고용이 이러한 학습의 성과였다. 이 과정에서 알게 된 정보는 OPPM/A3에 기록되어, 나중에 태너 사의 캐나다 지사가 같은 절차를 밟을 때 많은 도움을 주었다.

다음 그림을 보면 당시 작성한 현재 상황을 잘 파악할 수 있다.

현재 상황

ISO 인증에 대한 검토 초기에 요구 조건과 지원 과정, 촉박한 일정 등을 고려한 결과 외부 도움이 필요하다는 사실이 명백해졌다. 회사 내부에는 이 프로젝트 전반을 이끌 ISO 전문가가 없었다. 이 전략적 계획을 성공적으로 완수하기 위해 가장 중요한 요소는 전문적인 ISO 컨설턴트를 고용하는 일이라고 판단했다. 컨설턴트의 필요성이 즉각 대두된 것은 외부의 도움 없이는 계획 단계조차 완수하지 못한다는 사실을 깨달았기 때문이다.

우리는 컨설턴트를 찾아 나섰고 ○○ ○○○ ○○○○, ○○를 고용하여 도움을 받았다. 또한, ISO 인증원의 인증 서비스를 받아야 한다. ISO의 인증 과정은 인증원을 통해서 이루어지기 때문이다. 우리는 적절한 인증원을 찾아 내기 위해 ISO 컨설턴트의 자문을 받을 것이다.

사전 감사 평가에 대한 세부 사항은 첨부된 ISO 감사 요약 보고에 기록했다. 여기서 간단하게 언급하면 회사의 모든 면을 ISO 요구 조건에 충족시켜야 한다. 우리가 사용하는 소프트웨어의 언어를 일부 바꿀 필요도 있고, ISO의 요구 조건과 사용 언어를 직원이 이해할 수 있도록 상당한 훈련도 해야 한다. 그 밖의 요구 사항에 부응하기 위해 여러 가지 변화를 해야 한다.

이 프로젝트를 진행하면서 우리는 증가하는 업무를 소화해야 하며, 일정에 맞추기 위해 촉각을 곤두세워야 한다.

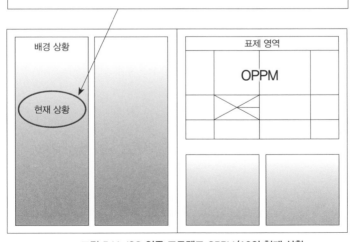

그림 5.14 **ISO 인증 프로젝트 OPPM/A3의 현재 상황**

다음 순서로 프로젝트 팀은 관련 문제와 프로젝트 전반을 이해하고 명확하게 파악하기 위해 ISO에 대한 정보를 수집하기 시작했다. 그러한 정보는 회사의 린 경영 방침과 ISO의 요건을 조화시킬 수 있는 해법을 찾는 데도 도움이 되었다. 프로젝트의 성격에 대해 다른 사람의 의견을 무조건 수용하는 것보다 팀 스스로 정확한 문제와 문제의 범위를 판단하는 것이 대단해 중요했다.

프로젝트 팀은 ISO 요구 조건을 조사하면서 그것을 달성하는 일이 처음에 생각했던 것처럼 그렇게 어렵지는 않다는 사실을 깨닫기 시작했다. 요구 조건을 하나하나 검토하자 ISO 언어와 과업의 범위를 더 명확히 이해하게 되었다. 이것이 팀 작업의 시작이었다.

'현재 상황'은 흔히 품질과 비용, 데이터, 파레토 차트^{Pareto Chart}, 이시카와 다이어그램^{Lshikawa diagrams} 등으로 언급한다. 또한, 현재 상황에 대한 가치흐름도를 전개하기도 한다. 이때 지켜야 할 사항은 현재 상황을 분명하게 규정하기 위해 세부 사항을 충분이 전달하되 간단명료하게 제시해야 한다는 점이다. 이때 그림이나 그래프를 사용한다면 큰 도움이 될 것이다.

A3의 중요한 측면 한 가지는 강력한 의사소통 수단이라는 것이다. 현재 상황을 언급하는 시점에서 팀의 활동으로 영향을 받게 될 모든 사람에게 A3 복사본을 나눠주는 것이 좋다. 흔히 사용하는 방법으로 직원들의 눈에 잘 띄는 장소와 팀 활동이 주로 수행되는 장소에 A3를 벽보 크기로 확대하여 이젤에 거치해 두기도 한다. A3과 함께 프로젝트 관계자 모두에게 피드백을 요청하는 게시판을 함께 배치하면 더욱 효과가 좋다. 포스트잇과 펜을 이젤에 놔두면 사람들이 훨씬 수월하게 피드백을 할 수 있다.

▶▶ 계획 – 근본 원인 분석

근본 원인 분석은 가장 근본적인 문제가 밝혀질 때까지 드릴다운 분석으로 문제를 파헤치는 것이다. 누군가 문제를 설명할 때 보통 우리는 그 말이 맞는지 숙고해 보지도 않고 그대로 수용하는 경우가 많다. 흔히 문제라고 하는 것은 근본 원인으로 발생되는 징후일 뿐, 진짜 문제가 아닐 때도 너무 많다. 근본 원인을 알아내는 분석 방법은 다양하다. 5와이즈5Why's, 케프너 트레고 분석Kepner-Tregoe analysis, 파레토 분석Pareto analysis, 결함수 분석, 이시카와 다이어그램 등이 있는데 이런 분석법을 통해 근본 문제를 찾아내야 한다.

우리가 추진하는 ISO 프로젝트의 취지는 새로운 시스템의 설립이지 문제 해결 자체가 아니었기 때문에 근본 원인 분석은 생략했다.

▶▶ 계획 – 미래 상황(목표)

대개 팀이 문제와 업무를 명확하게 파악하면, 그 이후로는 이상적인 목표가 무엇인지 올바른 판단을 내리기 시작한다. 이 시점에 해당 팀은 과업의 목표와 세부 목표들을 설정할 수 있다. 이때 목표 설정은 프로젝트 관리자와 집행 임원이 함께 검토해야 한다. 간단한 회의를 통해 프로젝트 팀과 관계자가 목표에 대한 합의에 이를 수 있다. 당면 문제, 대략적인 현재 상황, 세부 목표와 미래 상황 등이 회의의 안건이 된다. 그래서 회의의 목적은 회사의 방향과 필요에 일치하도록 팀의 방향을 정하는 것이다. 팀의 방향과 목적이 명확해지면, 해당 팀은 더욱 적극적으로 과업에 몰두한다.

우리는 회의를 하면서 경쟁사의 압박과 시장의 세계적 확장을 고려한 후, 일찌감치 ISO 인증을 획득하자는 데 의견을 모았다. 그래서 2004년 1월을 목표 일정으로 설정했다. 다음 그림은 당시 OPPM/A3에 추가한 미래 상황이다.

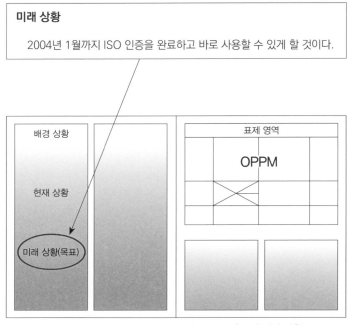

미래 상황

2004년 1월까지 ISO 인증을 완료하고 바로 사용할 수 있게 할 것이다.

배경 상황

표제 영역

OPPM

현재 상황

미래 상황(목표)

그림 5.15 ISO 인증 프로젝트 OPPM/A3의 미래 상황

앞서 사람들에게 배부하고 전략적 장소에 개시한 A3는 미래 상황을 기재해 업데이트했다. 반드시 유의해야 할 사항은 신중에 신중을 기해 보고서를 작성한 후에 사람들에게 보여 주어야 한다는 것이다. 보고서의 내용이 자칫 구조조정으로 해석될 수 있기 때문이다. 프로젝트 팀의 정확한 의도를 분명하게 전달하기 위해, 정보를 개시하기 전에 관련자 모두와 만나보는 것도 좋은 생각이다. 특정 부서의 인원 감축이 목적이라면, 부서 이동을 할 사람과 의사소통을 해서 그의 새로운 부서와 임무를 설명해 줄 필요가 있다.

▶▶ 계획 – 대책

대책은 여러 상황을 분석하고 브레인스토밍을 하면서 도출된다. 대책은 문제를 해결하거나 계획을 완수하기 위한 접근법이다. '해법'이라는 표현도 있지만, 이 표현은 최종적인 방법을 암시하기 때문에 끊임없이 개선점을 찾는 린 정신과 어울리지 않는다. 린 기업은 도구나 프로세서, 시스템 중 어떤 것도 고정되어 있지 않기 때문에 개선을 방해하지 않는다는 점을 나타내기 위해 도요타에서 사용하는 '대책'이라는 용어를 도입했다.

대책을 내놓은 것은 실험을 설명하고 뒤이어 가설을 제시하는 것이다. 예를 들어, 과체중에 대한 대책은 다음과 같다.

> '하루 칼로리 섭취량을 400칼로리 줄이면 몸무게가 1주일에 450그램이 감소할 것이다. 이 과정을 10주 동안 지속하면 4.5킬로그램의 몸무게가 빠진다.'

이 대책의 효과 여부를 당장은 알 수 없다. 10주간의 실험이 끝난 뒤에야 결과를 알게 된다. 실험 종료 후 결과를 평가해서 예상과 다른 결과가 나오면 조건을 변경하여 다시 실험한다. 이는 'PDCA 사이클'이 떠오르는 부분이다. 훌륭한 대책을 들여다보면 'PDCA 사이클'이 있다.

대책을 놓고 관련된 모든 당사자와 명확하게 의사소통해야 한다. 실행 단계에 접어들기 전에 모든 관심사와 새로운 아이디어를 들어볼 수 있는 마지막 기회가 될 것이다. 이때도 역시 제시된 대책과 관련된 모든 사람과 합의를 이루는 것이 목적이다.

우리는 ISO 프로젝트를 성공적으로 완수하기 위해 어떤 단계들이 필요한지 곰곰이 생각했다. 필요한 단계가 많았지만, 단계를 차례로 계획하다보니 확연히 구별되는 4가지 단계가 있었다. 즉 정의 단계, 실행 단계, 확인 단계, 비준 단계로 크게 나뉘었다. 이 단계들이 상위 대책이 되어 우리는 그에 맞게 업무를 조직했다.

대책

정의 단계 – ISO의 요구 조건 상당 부분을 이미 실천하고 있다. 하지만 그런 노력이 회사 차원의 품질 매뉴얼로는 조직되지 않았다. 그래서 특정 팀이 주도적으로 통합하기 위해 노력해야 한다.

실행 단계 – 품질 매뉴얼을 발행하면서 새로운 ISO의 형식과 작업 지시서를 주의 깊게 검토해야 하며, 나아가 그러한 시스템을 잘 사용할 수 있도록 직원 훈련에 특별히 신경써야 한다.

확인 단계 – ISO 인증을 신청하기 전에 몇 가지 자체적 감사를 해야 하며 경영진의 검토가 필요하다.

비준 단계 – ISO 인증을 신청한다.

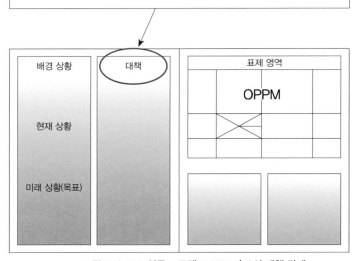

그림 5.16 ISO 인증 프로젝트 OPPM/A3의 대책 단계

▶▶계획 – 이행

A3에서 이 영역은 대부분 변화를 이행하기 위한 계획을 제시하는 공간으로 사용한다. 계획에는 각 활동의 일정과 이행을 담당하는 책임자, 기타 세부 사항에 대한 설명이 포함된다.

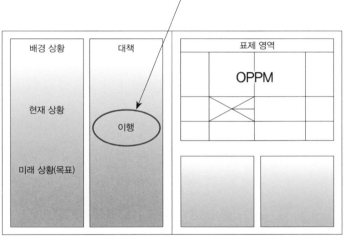

이행

OPPM에서 볼 수 있듯이 우리에게 대단히 중요한 과업이 있다. ISO 인증을 획득하기 위해서는 사실상 회사 전체의 지원과 지지가 필요하다. 게다가 일정이 너무 촉박하다. 실행 단계 전반에 걸쳐 경영진의 상당한 관심과 노력이 수반되어야 한다.

그림 5.17 **ISO 인증 프로젝트 OPPM/A3의 이행 단계**

A3과 OPPM을 통합하면서 이 영역에 전체적인 상황을 기록하지 않고 이행과 관련된 개략적인 정보만 전달하고 세부 사항은 OPPM으로 제시한다. OPPM은 세부 사항, 즉 무엇을, 누가, 언제 하는지에 대한 정보 그리고 진척 상황과 그밖에 더

욱 상세한 정보를 제공한다. 그래서 A3의 이행 영역은 개략적인 계획을 신속하게 검토하기 위한 공간이며 자세한 정보, 특히 진척 상황 등을 알고 싶은 사람을 위해 세부적인 이행 내용을 보여 준다. A3에 결합된 OPPM은 일반적으로 A3로만 제공하는 정보보다 훨씬 더 많은 정보를 전달한다. OPPM/A3의 우측 상단에 OPPM을 제시한다.

3장에서 ISO 프로젝트를 위한 OPPM을 설명한 바 있다. OPPM/A3를 활용할 때 우리는 포괄적인 계획만 추가로 언급하고, 세부 사항은 OPPM 기록을 그대로 두었다.

이행 내용은 진척 상황에 맞춰 사람들에게 배부하거나 특정 장소에 게시한 OPPM/A3에 반드시 업데이트해야 한다. 그래야 모두에게 돌아가는 상황을 알려 주고 지속적인 협조를 끌어낼 수 있다.

💬 실행

실행은 PDCA 사이클 2단계의 계획을 실행하는 단계이다. OPPM이 바로 실행을 위한 도구이므로, 우리는 프로젝트의 이행 기간 내내 날마다 이 보고서를 보고 방향을 바로잡는다. 이 도구는 우리가 알고 있어야 할 포괄적인 정보를 제시하는 것은 물론 하루하루 해야 하는 업무를 보여 준다. 그리고 각 단계별로 책임자는 누구이며 관련된 사람은 누구인지 알려 준다. 일정에 맞춰 달성한 실적도 보고서에 나타난다. OPPM을 통해 누가, 무엇을, 어디서, 언제 수행하는지에 대한 동일한 정보를 모든 사람이 명확하게 이해할 수 있다.

주목할 만한 흥미로운 사실은 계획에 대해 명확하게 의사소통하고 모든 사람이 참여하여 지지할 때 기대 이상의 성과가 달성된다는 점이다. ISO 프로젝트는 처음에는 어렵고 힘에 부치는 과업이었다. 더구나 당시 각 부서들은 여러 가지 중요한 업무로 눈코 뜰 새 없이 바빴다. 하지만 계획과 비전을 명확하고 훌륭하게 잘 세운 결과 우리는 예상을 뛰어넘어 예정보다 거의 한 달 일찍 ISO 인증을 획득했다. 프로젝트 초반에 우리가 과연 목표 일정에 맞출 수 있을까 의문을 품었던 점을 생각하면 대단히 의미 있는 성과였다. 다음은 ISO 프로젝트에 사용한 OPPM이다.

프로젝트 관리자 : 래리 해밀턴　　프로젝트 이름 : ISO9000　　보고일 : 9월 30일
프로젝트 목 표 : ISO9001/2000 인증 획득

세부 목표: 조직 집중도	품질 매뉴얼 개발	절차 개발	작업 지시서 개선	기록 방법 향상	내부감사제도 실시	주요 과업		일정: 4월	5월	6월	7월	8월	9월	10월	11월	12월	1월	2월	담당자 및 우선순위: 경영진	프로젝트 관리자	ISO프로젝트 팀	내부 감사관	ISO 컨설턴트
							정의 단계																
●						1	개발팀	●	●										A	B			
●						2	개발팀 훈련	●	●											A	B		B
●						3	프로세스 맵 개발	●	●											B			A
●						4	기록 사항 선별	●	●	●									B	A			
	●	●	●			5	제2의 절차 정의	●	●	●	●									A	B		B
	●	●	●			6	품질 매뉴얼	●	●	●	●								B	B	B		A
			●	●		7	작업 지시서와 형식	●	●	●	●										A		B
		●	●	●	●	8	기록	●	●	●	●										A	B	
							실행 단계																
		●	●	●	●	9	신규 프로세스 훈련			●	●	●								B	A		B
		●				10	품질 매뉴얼 발행				●	●								A			B
				●		11	새로운 형식과 작업 지시서			●	●										A		B
		●	●			12	절차의 문서화			●	●									A	B		B
			●			13	절차 시행			●	●	●							A	B	B		B
	○	○	○	○	○	14	훈련 자각			●	●	○							B	A			
							확인 단계																
	●					15	내부 감사관 채용 및 훈련				●	●										B	A
●	●					16	내부 감사 프로그램 시행				●	●							B	B		A	B
	●	●	●	●	●	17	경영 리뷰 시행				●	●							A	B		B	
	●	●	●	●	●	18	사전 감사 평가					●	●							B		A	
			○			19	사전 감사 수정						○	○					B	A	B		
							비준 단계																
○	○	○	○	○	○	20	회계 감사 등록							●	○					A			B
○		○	○	○	○	21	수정 작업							○	○	○			B		A		
○						22	증명서									○	○		A	A	A	A	A
○						23	프로젝트 완료										○	○		A	B	B	B
●						A	조직 집중도												A	B	B	B	B
○	○	○	○	○	○	B	조직 성과												B	A	B	B	B
○	○	○	○	○	○	C	컨설턴트 성과												B	B	B	B	A
							# 완료된 공정	1/17	6/17	12/17	17/20	17/19	19/19										
세부 목표						주요 과업 / 목표일자 / 비용 및 매트릭스 / 요약 및 전망																	

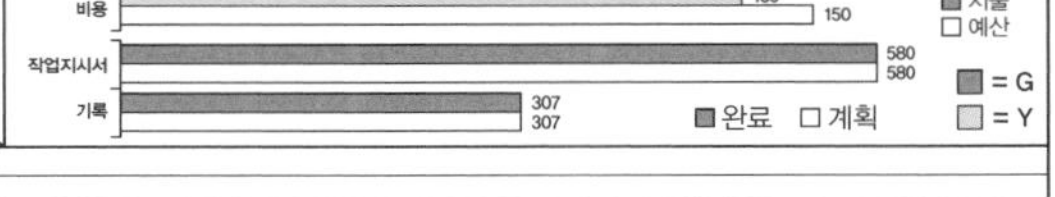

그림 5.18 ISO 인증을 위한 OPPM/A3의 OPPM

💬 평가

평가는 PDCA 사이클에서 매우 중요한 단계로, 개선이 이행되는 시점 그리고 이행 이후 시점이 있는데 이 두 시기에 큰 의미가 있다. 이 평가 단계를 간과하는 경우가 많지만, 절대로 그렇게 하면 안 된다. 개선이 이행되고 있을 때와 그 이후에, 개선 사항이 어떤 영향을 미치고 있는지 그 결과를 평가하는 일은 매우 중요하다.

여기서 평가는 모든 업무가 이행되었는지 확인하는 차원에서 하는 단순한 평가가 아니다. 목표나 일정보다 결과 및 진척 상황을 주의 깊게 검토하는 것이 수반되어야 한다. 이때 평가는 이행 과정에서 얻은 교훈이 무엇인지 이해하려는 노력이다. 즉 숙고의 시간인 것이다. 어떤 방법이 더 좋았을지, 이 문제가 미래에 발생하면 어떻게 접근해야 더 효과적인지 자문하는 태도가 특히 중요하다. 경험으로부터 교훈을 최대한 끌어내려고 노력해야 한다는 말이다. 평가를 시행하면서 우리는 개선된 상황과 그 효과, 앞으로의 방향을 더욱 확실하게 이해할 수 있다.

ISO 프로젝트를 추진하면서 우리가 얻은 교훈은 무엇이었을까? 첫째, 대다수 컨설턴트는 한결같이 ISO 인증을 얻으려면 50만 달러의 비용이 들며, 2년의 기간이 필요할 것이라고 말했다. 하지만 우리는 그들의 예측과 반대로 훨씬 적은 비용으로 2년보다 짧은 기간에 ISO 인증을 얻을 수 있다는 가설을 세우고 프로젝트를 시작했다. 마침내 20만 달러의 비용과 6개월도 안 되는 시간으로 ISO 인증을 획득해서 우리의 가설이 옳았음을 입증했다.

둘째, 프로젝트 관리자의 뛰어난 역량 및 가치와 그의 역할을 더욱 깊이 인식하게 되었다. 프로젝트 관리자였던 래리 해밀턴은 각각의 업무가 확실히 목표를 달성할 수 있도록 지칠 줄 모르고 대담하게 업무를 추진했다. 이것이 마땅히 책임자가 지녀야 할 태도라고 생각할 수도 있지만, 그렇게 간단한 일이 아니다. 개선을 위해 엄청난 노력을 쏟아부으려면 지성에 더해 열정이 필요하다. 단지 머리로 계획만 해서 가능한 일이 아니다.

셋째, 만약 회사 설립 초기에라도 ISO 프로젝트를 추진했다면 인증을 더 빨리 획득할 수도 있었다. 다시 말하면, 이 프로젝트는 더는 미뤄서는 안 될 일이었다.

넷째, '6개월 이내 ISO 인증 달성' 같은 강력한 목표를 추진하는 과정에서 이제 껏 본 적이 없는 능력을 발휘하는 사람도 있었다. 심지어 어떤 사람은 자신도 믿지 못할 정도의 성과를 이루기도 했다. 여러 해 동안 뎁 호엔탈은 회사에서 매우 다양한 역할을 하며 근무했다. 뎁이 다양한 임무를 수행한 결과를 보니 그녀에게는 타고난 글재주가 있었다. 그래서 그녀에게 글솜씨를 발휘해 매뉴얼을 제작하도록 임무를 주었다. 프로젝트는 모든 팀원에게 압박감을 주기 마련이라 뎁 역시 평소 적당히 하던 태도에서 벗어나 더 많은 역량을 끌어내야 했다.

우리는 훌륭한 품질 매뉴얼뿐만 아니라 매뉴얼의 내용과 사용법을 훈련할 사람도 필요했다. 이 임무는 매뉴얼의 내용을 가장 잘 알고 있는 뎁에게 요청하는 것이 최선이라는 생각이 들었다. 또한, 자체 감사를 하는 일에도 당연히 그녀가 최고 적임자일 것 같았다. 뎁은 맡은 임무를 성공적으로 완수했을 뿐만 아니라 ISO 프로젝트를 이끌기 시작했다. 현재까지 그녀는 회사의 ISO 관련 업무를 계속 지휘하고 있다.

다섯째, 처음에는 ISO와 린이 서로 상호보완적이지 않다고 생각했다. 하지만 ISO를 태너 사의 개선 시스템으로 신중하게 들여오는 과정에서 우리는 ISO와 린이 서로 부족한 면을 보완해 준다는 사실을 알게 됐다. 도요타처럼 우리도 위대한 리더의 역할을 해냈다. 우리는 최선을 다해 ISO 사상을 찾아내어 회사의 개선 시스템에 접목시켰다. 마침내 우리 회사는 더 훌륭하고 튼튼한 회사가 되었고, 지금도 그렇다. 이 사실은 우리의 의지와 믿음을 강화시켰다. 즉 위대한 기업이 되려면, 잘 듣고 주의 깊게 검토하고 개방적인 생각을 유지하고 언제나 기꺼이 변화해야한다는 생각이 확고해졌다.

평가

ISO 인증을 획득하기 위한 활동을 시작할 때부터 많은 도전에 직면했다. 진척 상황과 완료된 과업을 검토해 보니 우리는 다음과 같은 성과를 거두었으며, 이러한 우리의 경험은 향후 같은 업무를 할 사람에게 전수해야 한다.

1. 품질을 떨어뜨리지 않고도 시간과 비용을 얼마든지 줄일 수 있다. 협업과 리더십, 강력한 목표, 열정과 지성을 통해 우리는 프로젝트의 예상 비용을 50만 달러에서 20만 달러로 감축했다. 시간 역시 2년이라는 예상 기간을 6개월 미만으로 단축했다.

2. 훌륭하고 열정적인 프로젝트 관리자는 성공의 절대적 요소이다. 컨설턴트의 지성은 중요하다. 하지만 훌륭한 프로젝트 관리자의 지성에 '더해' 열정은 더욱더 중요하다.

3. ISO 인증 추진은 뒤로 미뤘으면 안 될 일이었다. 염려와 두려움을 물리치고 언제나 앞을 향해 전진해야 한다. 우리는 생각하는 것보다 더 많은 일을 할 수 있다.

4. 강력한 목표와 훌륭한 리더십은 직원의 역량을 발전시킨다.

5. 열린 사고방식을 가지고 주의 깊이 듣고 늘 기꺼이 변화해야 한다는 사실을 항상 기억하라. 태너 사의 시스템에 ISO 사상을 접목하며 교훈을 얻을 때 계속 발전할 수 있다.

6. 불필요한 정보를 제거하고 핵심 내용에만 초점을 맞추면, 복잡함이 단순함으로 바뀔 수 있다는 사실을 다시 한번 확인했다. 이것이 바로 효율성과 충분성의 균형이다.

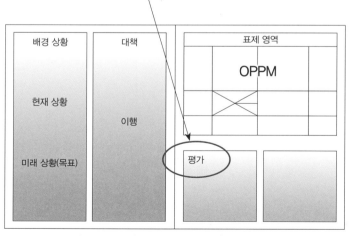

그림 5.19 **ISO 인증 프로젝트 OPPM/A3의 평가 단계**

💬 개선

평가 단계 뒤에는 바로 조치, 즉 개선이 뒤따른다. 개선 단계에는 약간의 조정이나 추가 훈련 계획이 수반된다. 그뿐만 아니라 어떤 문제가 개선됐다고 해도 그로 인해 예측하지 못한 문제가 발생하거나 계획한 결과를 입증하지 못하면 개선된 문제라도 폐기하는데, 이 과정도 개선 단계에 들어간다. 일반적으로 PDCA 사이클이 한 번 순환하면서 그다음 개선 사항에 대한 규정, 계획, 일정을 세우는데, 이 과정이 개선에 해당한다.

개선 단계에는 다음 사항이 내포되어 있으므로, 이 단계를 절대로 그냥 지나쳐서는 안 된다.

- 교훈을 확인하고 적용한다.
- 지속적인 개선을 위한 순환을 보장한다.

우리는 ISO 인증 프로젝트를 완수했을 때 인증 획득이 그저 한 가지 중요한 단계에 불과하다는 사실을 깨달았다. ISO와 관련된 변화들이 회사에 깊이 뿌리내릴 때까지 한동안 노력을 지속해야 했다. 그래서 첫 번째 조치 중 한 가지가 일련의 훈련과 자체 감사였다.

캐나다에 있는 태너 사의 자회사도 ISO 인증을 받아야 했다. 그 문제에 대해 최상의 접근법을 논의하면서 본사에서 수행한 ISO 프로젝트를 검토했다. 사내 컨설턴트의 생각과 달리 우리는 캐나다의 태너 사가 컨설턴트의 개입 없이 ISO 인증을 얻을 수 있다고 판단했다. 본사는 프로젝트 관리자인 래리 해밀턴을 캐나다로 파견해서 컨설턴트의 도움 없이 기록적인 시간 안에 목표를 달성하는 데 성공했다.

당시 캐나다 지사는 목표 달성을 위해 여러 가지 과업을 설정했는데, 이 모든 것은 본사에서 추진했던 ISO 프로젝트를 통해 배운 것을 토대로 계획되었다. 효과적으로 실행된 PDCA 사이클이 후속 사이클을 만들어냈다. 이것이 진정한 지속적인 개선이다. 〈그림 5.20〉이 개선 단계를 보여 준다.

개선

ISO 인증 달성 과정의 노력은 우리가 지닌 몇 가지 원칙과 신념을 강화시켰다. 이러한 사상을 기업문화에 깊이 심어 주기 위해 사보에 프로젝트를 추진하면서 얻은 경험들을 실었다. 또한, 그런 내용을 회의에서 다루도록 격려했다. 훈련 담당자에게 팀의 리더와 함께 프로젝트 경험을 검토하게 하고, 직원 훈련 과정에서 그런 내용을 활용하도록 권장했다.

앞으로 우리 팀은 2주간 OPPM/A3를 프로젝트 관리에서 어떻게 활용했는지 논의할 것이다. 우리는 개선 사항을 목록으로 만들었고, 그것을 적절한 시점에 검토해 시행할 예정이다.

캐나다 자회사의 ISO 인증을 위해 OPPM/A3를 작성하면서 계획을 세우고 있다.

내년에 4번에 걸친 ISO 집중 훈련 강좌를 열 것이다. 모든 직원에게 네 번의 강좌에 참여하도록 권하고 있다.

ISO와 관련된 변화가 더 깊이 뿌리내리기 위해 2004년 매 분기 말에 자체 감사를 실시할 것이다.

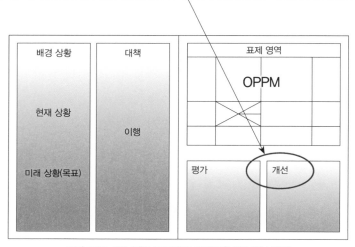

그림 5.20 **ISO 인증 프로젝트 OPPM/A3의 개선 단계**

ISO 인증 프로젝트는 OPPM/A3를 활용한 수없이 많은 프로젝트 중 하나에 불과하다. 장담하건대 이 도구를 사용하면 어떤 프로젝트라도 성공 확률이 높아진다. 애매함이 사라지기 때문에 사람들은 프로젝트를 명확하게 이해하고 함께 협력하며 집중적으로 노력을 쏟을 수 있다. 그래서 시간과 비용을 절약하면서 목표를 훨씬 수월하게 달성하게 된다. 가장 중요한 점으로 직원의 참여와 그들의 창의적 에너지를 끌어 올린다. 이 모든 과정이 더욱 위대한 성공으로 이어지고 기업의 성장을 가속화한다.

단 한 장으로 이루는 최고의 효율과 성과

06

프로젝트 관리 조직의 역할

래리 보시디와 램 차란은 《실행에 집중하라Execution, The Discipline of Getting Things Done》에서 실행의 두 가지 요소를 다음과 같이 말한다.

- 현실에 꼭 들어맞는 전략, 목표에 적합한 인력 배정, 기대한 목표 달성을 위한 행동 체계
- 기업의 세 가지 핵심 프로세스인 인력 프로세스, 전략 프로세스, 운영 계획을 연계하여 적시에 업무를 달성하기 위한 협업 과정

우리는 훈련과 컨설팅, 개인적 관리 경험을 통해 깨달은 바가 있다. 강력하고 효과적인 프로젝트 관리 조직은 각 자원을 현실에 적절하게 연계하여 협업이 가능하게 하는 최상의 기폭제 역할을 한다는 사실이다.

프로젝트는 어떤 공간에서든 진행된다. 누군가의 책상에서 추진되는 소규모의 프로젝트도 있다. 이런 프로젝트는 그 사람의 여러 책무 중 하나일 수 있다. 혹은

기업의 집중적인 참여가 필요하기 때문에 본사 차원에서 협력하여 진행하는 프로젝트도 있다. 또한, 대규모 프로젝트일 때는 자체적인 조직이 꾸려지기도 한다.

프로젝트 관리 조직Project Management Office인 PMO는 회사 전반에서 진행되는 프로젝트에 대해 최소한 8가지 이상의 막중한 책무를 지닌 구성원으로 이루어진 조직이며, 이들의 책무는 프로젝트를 계획하고 성공적으로 운영하는 데 모든 초점을 맞추고 있다.

이 장에서는 PMO가 8가지 책무를 수행하기 위해 OPPM을 어떻게 효과적으로 활용하는지 살펴본다.

1. 프로젝트의 계기판이 되다

PMO의 첫 번째 책무는 프로젝트 계기판을 유지하는 일이다. PMO는 프로젝트의 진척 상황을 면밀하게 추적하여 상부에 보고한다. 이것이 PMO의 가장 중요한 책무이다. PMO는 보고를 통해 프로젝트의 현황 및 주의를 기울여야 할 시점을 경영진에게 알려 준다. 이들은 다음에 제시된 기본적인 사항을 고위 경영진이 온전히 인식할 수 있게 해야 한다.

- **담당자**: 프로젝트 각 부분의 책임자
- **비용**: 프로젝트의 예산 및 비용, 예산에 맞게 진행되고 있는지, 만약 예산을 초과했다면 얼마나 초과했는지 등
- **과업**: 계획 대비 진척 상황
- **일정**: 과업의 종료 시점 및 예상 종료 시점
- **세부 목표**: 프로젝트가 이루려는 일과 그 일을 하는 이유

PMO는 프로젝트가 진행되는 동안 이런 사항들에 대해 경영진과 의사소통한다. PMO가 활용하는 OPPM은 고위 경영진에게 프로젝트의 핵심 정보를 전달하는 효과적인 의사소통 도구로서 기능한다.

PMO의 효율적인 업무에 가장 필요한 도구가 OPPM이라고 하는 것은 전혀 과장이 아니다. OPPM은 한 공간에 중요한 정보를 모두 통합하기 때문에 PMO 운영에 있어 핵심이라 할 수 있다. 이를 통해 프로젝트와 고위 경영진 사이에 매우 중요한 의사소통 고리가 생긴다.

PMO의 안팎으로 정보가 흐르는 수단이 바로 OPPM이다. 이 도구는 정보를 특정 형식으로 처리하여 작성하기 쉽고, 검토하고 이해하기에도 어렵지 않다. OPPM을 사용하지 않는다면 PMO는 감당하지 못할 정도의 정보를 처리해야 할 것이다. 게다가 이 보고서의 내용은 명쾌하고 단 한 장에 모든 정보가 통합된다. 바로 프로젝트의 계기판이라 할 수 있다.

PMO가 OPPM을 활용할 때 방대한 정보를 수집하고 분석하고 보고하는 면에서 능력을 최대한 발휘할 수 있다. 그뿐만 아니라 효율적인 업무 능력과 효과적인 의사소통 기능을 향상할 수 있다. 각각의 프로젝트 관리자에게 OPPM으로 보고하라고 요구하면, 경영진은 각 프로젝트마다 단 한 장의 보고서만 검토하면 된다. OPPM은 정보를 선별하고 요약할 뿐만 아니라 PMO가 우수한 성과를 내도록 뒷받침해 준다.

2. 프로젝트의 열기를 유지하다

PMO의 두 번째 책무는 선택한 프로젝트 방법론에 대해 총괄적인 책임을 지고 프로젝트의 열기를 유지하는 일이다. PMO는 프로젝트 방법론을 지지하는 도구를 제시해야 하고, 프로젝트 관리 시스템에 책임을 져야 한다. 프로젝트에 대한 의사소통에서 OPPM의 가치는 매우 뛰어나기 때문에 PMO는 보고하고 의사소통하는 도구로 OPPM을 활용해야 한다.

먼저 모든 프로젝트 관리자가 OPPM의 사용법을 익히도록 해야 한다. 프로젝트 관리자에게 이 도구를 사용하라고 너무 밀어붙이지 않아도 된다. 그들이 일단 OPPM을 사용하게 되면, 자연스럽게 프로젝트 관리의 전문성이 향상된다. OPPM이 프로젝트 관리 체계를 강화하는 프로토콜protocol을 제공하기 때문이다.

3. 프로젝트 참여자를 훈련하다

세 번째로 PMO는 프로젝트 관리자가 능력을 키울 수 있도록 훈련하고 지도해야 한다. 예를 들어, 태너 사는 전 직원 중 최소 95%가 특정 시점까지 OPPM을 활용할 수 있도록 훈련할 목표를 세웠다. 이를 위해 다음 과정이 수반되었다. 프로젝트 관리자와 프로젝트 참여 직원에게 《한 장의 보고서One-Page Project Manager》를 읽게 했다. 그리고 이미 OPPM을 사용하고 있는 관리자가 그들에게 OPPM에 대해 전반적인 내용을 구체적으로 지도하고, PMO는 대부분 직원에게 그 도구를 사용하도록 촉구했다. 직원들이 한동안 그 도구를 직접 사용해 보면서 논의를 하면 더욱 도움이 된다. 그렇게 하면 사용자는 OPPM에 더 친숙하고 편안한 느낌을 받게 될 것이다.

이러한 훈련에 더해 관련된 자료를 읽거나 강연을 듣고, 세미나에 참석하면 프로젝트 참여자가 집단 지성을 통해 구축한 지식 체계를 확장하는 데 큰 도움이 되고, 긍정적인 자극을 받는다.

4. 일관성을 유지하다

PMO는 OPPM이 반드시 일관성을 유지하게 해야 한다. 사람들은 조직이 정한 기준을 벗어나려는 경향이 있다. OPPM을 사용하는 사람들은 이 도구의 성능을 높일 방법을 궁리하거나 자신이 맡은 프로젝트가 특별하다고 생각해서 그에 맞게 OPPM을 수정하려고 한다. PMO는 직원들의 이런 경향을 잘 관리해야 한다. OPPM이 향상될 수 없다거나 특정 상황에 맞게 수정해서는 안 된다는 말이 아니다. 필요한 조정을 하려면, OPPM의 분열화를 막기 위해 고차원적인 수준에서 수정해야 한다는 것이다. PMO가 OPPM의 일관된 형식을 관리하지 않으면, 즉각 무분별한 수정이 난무하여 표준화와 일관성이라는 이 도구의 강점을 잃고 말 것이다.

PMO는 사람들이 OPPM에 끊임없이 변화를 주려는 경향에 맞서 기준을 세워야 한다. OPPM은 일관성을 유지할 때 진정한 가치가 있다. 이 가치를 사용자에게 상기시켜야 한다. 프로젝트 관리자와 팀원이 중요한 요소에 초점을 맞추도록 도우며, OPPM이 일관성을 유지해야 조직의 모든 구성원이 이 도구를 쉽게 작성하고 활용하고 이해할 수 있다는 사실을 꾸준히 상기시켜야 한다. 일관성과 창조성 사이에 적절한 균형을 잡으면, 효율적이고 탁월한 도구를 사용할 수 있을 것이다.

또한, 일관성을 유지해야 경영진은 OPPM이 무슨 정보를 전달하고 있는지 이해할 수 있다. 수많은 프로젝트가 각기 다른 버전의 OPPM으로 관리된다고 상상해 보라. 고위 경영진은 천차만별의 OPPM이 무슨 내용을 전달하는지 해독해야 할 것이다. 그러면 다양한 형태의 프로젝트에 맞게 약간의 수정만을 허용하는 이 도구의 간결성과 일관성이라는 이점이 사라진다. 즉, 'OPPM의 기본 서식만이 PMO의 가장 중요한 의사소통 도구이다.'라는 핵심을 기억해야 한다.

무엇보다 중요한 점은 OPPM은 마이크로소프트 프로젝트나 오라클의 프리마베라 소프트웨어 같은 도구를 완전히 대체하지 않는다는 사실이다. OPPM은 프로젝트 관리자가 기존에 사용하고 있는 도구에 추가해서 사용하는 것이다. 중요한 프로젝트일 경우 최상위 OPPM을 작성하고 그 후 드릴다운drilldown 분석을 통해 프로젝트의 각 부분에 맞는 OPPM을 추가로 작성할 수 있다. 소프트웨어의 프로젝트라면 OPPM을 컨설턴트 고용에 한 개, 소프트웨어 결정에 한 개, 롤아웃 제한 및 소프트웨어 테스트에 한 개 등 여러 개를 사용해도 된다. 이 모든 OPPM을 종합해서 최상위 OPPM으로 보고한다. 고위 경영진이 검토하는 보고서는 바로 이 최상위 OPPM이다.

여러 프로젝트의 총책임자는 OPPM의 표준성과 개별성 사이에서 균형을 유지해야 한다. 이들은 각 프로젝트마다 또는 부서마다 OPPM을 자신의 상황에 맞게 수정하려는 것을 막아야 한다. 특정한 사항들은 '반드시' 일관성 있게 유지해야 하는데, 이를테면 색상과 그 의미, 과업의 미완수를 나타내는 빈 동그라미, 완수를 나타내는 색칠한 동그라미 등을 바꾸면 안 된다.

하지만 일부 사항은 변경해도 무리가 없다. 예를 들어, 기간은 프로젝트에 따라 한 주 또는 한 달 등으로 설정해도 된다. 또한, 그래프나 차트를 포함시켜도 되고 포함시키지 않아도 된다. 이러한 결정은 PMO의 총책임자의 역할로 총책임자는 창조성, 개별적 책임감, 혁신을 허용하는 동시에 표준화된 OPPM을 유지하기 위해 균형 잡힌 판단을 내려야 한다.

PMO의 중요한 임무로 진행 중에 있는 모든 프로젝트를 요약해서 통합된 OPPM을 만드는 일이 있다. 각 프로젝트의 관리자는 프로젝트의 현황에 대한 OPPM을 PMO에 제출하고, PMO는 제출받은 OPPM들을 통합 OPPM에 요약하여 작성한다. 이게 바로 핵심 OPPM으로 현재 상황과 최근 종료된 프로젝트의 목록을 보여 준다. 이 보고서를 통해 고위 경영진은 회사에서 진행 중인 모든 프로젝트의 진척도를 신속하게 파악할 수 있다. 개별적인 프로젝트에 대해 더 많은 정보를 알고 싶다면, 해당 프로젝트의 OPPM을 검토해 보면 된다. 그러면 그 프로젝트를 수행하고 있는 팀에게 불필요한 질문을 할 필요가 없다.

5. 의사소통 도구로써 활용하다

지금까지 OPPM이 경영진과의 의사소통 도구로 어떤 역할을 하는지 많은 내용을 다루었다. 그에 더해 OPPM은 특정 프로젝트에 관심이 있는 회사 안팎의 사람들과도 의사소통할 수 있게 해 준다. PMO는 프로젝트에 직접 관여하지는 않지만, 관련 정보를 원하는 사람들에게 프로젝트의 비전을 홍보하고 그에 대해 의사소통하는 도구로 OPPM을 활용한다. OPPM은 간결성 덕분에 이러한 의사소통에 탁월한 도구가 된다. OPPM으로 의사소통할 수 있는 외부 사람으로는 공급업체, 회사내 다른 관리자, 인사부서(누가 어떤 프로젝트를 수행하는지 정보를 수집), 내부감사부서, 영업부서(새 상품의 진척 상황을 재빨리 파악해 상용화되는 시점을 파악) 등이 있다.

한편, 즉각 나타나는 현상은 아닐 수 있지만 OPPM을 활용하면서 얻게 되는 이점이 더 있다. 회의 시간을 단축시킨다는 사실이다. 회의 참가자 모두가 말 그대로 똑같은 보고서를 읽고 있으니 프로젝트의 핵심 사항을 신속하게 파악할 수 있고, 이러한 점은 많은 시간을 절약해 준다. 사실 대다수 회의 시간은 너무 길다.

OPPM을 활용하면 모두가 그 도구를 잘 이해하고 있기 때문에 나중에 다시 참조해도 되니 회의를 길게 할 필요가 없다. 회의가 길어지면 책임 소재를 밝히는 문제에는 예리한 주의를 기울이지만, 그밖에 문제들을 검토할 때는 집중력을 잃는 경우가 많다. OPPM의 활용 목적은 논의를 명확하고 간결하게 하도록 도우며, 그로 인해 모두가 프로젝트에 기여할 수 있게 만드는 것이 핵심이다.

6. 프로젝트의 우선순위를 정하다

PMO는 OPPM을 활용하여 프로젝트 포트폴리오의 우선순위를 정할 수 있다. PMO가 모든 프로젝트를 통합하는 OPPM을 작성하는 과정에서 우선순위가 자연스럽게 도출된다. 우선순위에 있는 프로젝트는 자금 등의 자원을 우선적으로 배정받는다.

또한, OPPM은 다양한 프로젝트의 요구 사항을 명확하게 밝혀 준다. 통합 OPPM에 기재된 특정 프로젝트에 참여하고 있는 인원이 303명 또는 그 이상이라면, 그 보고서를 읽는 사람은 누구나 해당 프로젝트의 무게감, 여러 부서 및 회사 전체와 관련된 중요성을 상기하게 된다. 그에 더해 경영진은 각 프로젝트에 배정된 예산과 인력을 살펴보고 일별 현황을 검토하여 자원의 균형이 필요한 지점을 파악할 수 있다. 하지만 경영진이 적절한 관점을 갖고 일별 현황에 맞게 프로젝트를 관리하기란 쉽지 않다. 프로젝트는 미래 고객의 주문을 더 많이 받기 위해 수행되지만, 이로 인해 현재의 주문이 희생될 수도 있다. 이때 OPPM은 명확하고 이해하기 쉬운 그림을 나타내어 경영진이 미래와 현재 사이에 균형을 유지할 수 있게 해 준다.

7. 프로젝트 검토 및 시정 조치를 하다

통합 OPPM은 PMO와 고위 경영진이 필요한 부분을 시정하도록 유도한다. PMO는 경영진에게 OPPM을 보고하기 전에 OPPM을 검토하면서 프로젝트의 중요한 내용을 살펴볼 수 있다. 물론 해당 팀은 OPPM의 사용 여부와 상관없이 일정과 예산을 철저히 계산한다. 하지만 프로젝트의 각 과업의 담당자가 누구인지, 다양한 과업들이 전략적인 목표와 어떤 관련이 있는지에 대해서는 잘 파악하지 못한다. OPPM은 모두에게 이러한 중요한 관련성을 한눈에 보여 준다.

OPPM을 활용함으로 경영진과 각 프로젝트 팀은 프로젝트의 모든 핵심 요소를 고려할 뿐만 아니라 핵심 요소의 관련성과 프로젝트 참여 인력까지 검토할 수 있게 된다. 한편 OPPM이 시간을 절약해 주는 덕분에 철두철미한 계획을 세울 시간을 벌게 된다. 그래서 PMO의 업무는 OPPM을 활용한 결과 더 완벽하고 효과적으로 추진된다.

한 가지 더 이야기하자면 OPPM은 성과를 개인, 즉 담당자와 연계하여 나타내기 때문에 훌륭한 성과가 달성되면 경영진은 OPPM을 확인하여 담당자를 칭찬을 하거나 공로를 인정하는 등의 행동을 취할 수 있다. 이 도구는 시정 조치를 하는 데 그치지 않고, 기업의 보상 문화를 활발히 발전시키는 데 기여한다.

8. 프로젝트의 공적 기록을 남기다

PMO는 각 프로젝트의 OPPM을 보관함에 넣어서 완료된 프로젝트의 공적 기록을 손쉽게 관리할 수 있게 돕는다. 여러 프로젝트 팀이 OPPM을 제출하기 때문에 보통 일주일에 한 번 OPPM을 받는다고 하면, 일 년에 52개의 OPPM을 확보하게 된다. 이러한 OPPM 모음은 프로젝트에 대해 배울 수 있는 지식의 보고가 된다. 조지 산타야나George Santayana가 남긴 유명한 말이 있다.

"과거를 통해 배우지 못하는 사람은 늘 과거를 반복하게 된다."

프로젝트에 대한 공적인 기록을 통해 미래에 프로젝트 관리자와 팀원들은 프로젝트를 실행할 때 지식을 얻을 수 있다. 과업을 어떻게 완수했으며, 어떤 프로젝트를 추진했는지, 어느 시점에서 난관이 발생했으며, 어떻게 극복했는지에 대한 정보가 OPPM에 고스란히 담겨 있다. OPPM으로 공적 기록을 남기는 것은 매우 쉽고 효율적인 방법이다. 프로젝트가 완수되면 PMO는 모든 OPPM을 쉽게 검색해서 볼 수 있게 전자 파일로 저장해 두고, 종이로 된 OPPM은 파일철로 묶어 캐비닛에 넣어두기만 하면 된다.

▶▶PMO의 실행 예시

PMO는 각 전략적 프로젝트의 OPPM을 포함한 월별 보고서를 경영진에게 제출한다. 이때 모든 프로젝트의 성과를 요약한 OPPM을 보고서 표지로 제시한다. 이 요약된 OPPM은 각 프로젝트에 대해 다음 사항을 전달해야 한다.

- 기업 전략을 지지하는 과업
- 연간 운영 계획과의 연관성
- 자본 예산 내역
- 비용 예산 내역
- 참여 인력
- 현재 성과 및 진척도
- 기한 내 완수 및 지연
- 프로젝트 관리자 배정
- 실행팀의 책무
- 통합 및 요약

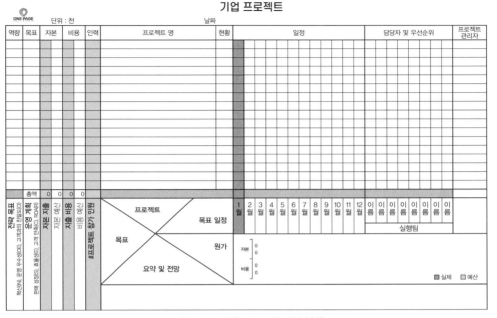

그림 6.1 **프로젝트 보고서 기본 서식**

이 내용이 의사소통 네트워크의 핵심이다. 〈그림 6.1〉이 기본 서식이며, 〈그림 6.2〉는 가상 회사인 마운트 올림푸스 컴퍼니가 작성한 보고서이다. 다음 장에서는 다른 사례를 검토할 예정이니 여기서는 11월의 연초 대비 보고서를 검토해 보자.

맨 윗줄 좌측에서 네 번째 칸을 보면 '비용'에 해당하는 칸이 있다. 그리고 이 비용 칸에서 아래로 내려오면 세로로 된 두 개의 칸에 '지출 비용'과 '비용 예산'이 표시되어 있다. 지출 비용에는 실제 지출 금액을 기록하고, 비용 예산에는 예산에 편성된 금액 또는 지출이 예상되는 금액을 기재한다.

예를 들어, 〈그림 6.2〉에서 다섯 번째에 있는 제타 프로젝트를 살펴보자. 35만 달러의 예산이 편성되었고, 11월 현재 22만 달러의 비용이 지출됐다. 그래서 지출 비용이 비용 예산보다 13만 달러 밑돌고 있는 상태다. 하지만 유념해야 할 점은 이

마운트 올림푸스 컴퍼니의 2006년 프로젝트

날짜 : 2006년 11월

역량	목표	자본		비용		인력	프로젝트 명	현황	일정	담당자 및 우선순위	프로젝트 관리자
OE	R	–	–	–	–	12	1 알파			B B A B B B B B B	CAC
OE	E	–	–	0	150	30	2 베타			C B A	DFH
IN, OE		–	–	1483	1525	17	3 감마			C B B	DFH
OE	S, R	3	3	166	310	16	4 엡실론			B B B A B	GP
OE	S	285	450	220	350	11	5 제타			B A B B B	JMV
OE	ED	–	–	–	–	8	6 에타			A B	STT
	S	166	0	132	–	56	7 세타			A B	TBB
	S, D	–	–	–	–	1	8 이오타			A B	TBB
OE	R	–	–	–	–	18	9 카파			A C B C C C C C C C	SS
	S	–	–	–	–	12	10 람다			C B B C B B A	HH
OE	E, D	–	–	–	–	13	11 뮤			C B C A C	LTK
OE, CC	S, E, D	–	–	–	–	38	12 뉴			B B B B	SJ
							완료된 프로젝트				
OE	S, R	350	500	65	75	85	1 크시			B A B	KIG
CC	S	0	0	–	–	8	2 오미크론			A B	RSM
OE, CC	S, R	0	0	0	0	300	3 파이			C B A C B B B B B	BLT
OE	S, R	275	217	–	10,2	15	4 로			B A B B	CAC
총액		1078	1169	2066	2420	640					

실행 팀 : BA TB CC KJ SK JM VN HS DS IT

프로젝트 / 목표 일정 / 목표 / 원가 / 요약 및 전망

	예산	실제
자본	1,078	1,169
비용	2,066	2,420

R = R G = G Y = Y

이오타와 카파는 IT 자원이 충분하지 않아 지속적인 어려움을 겪고 있음. 제타는 테스트 실패와 영역 확장으로 교착 상태에 빠져 있음. 이오타와 카파로 신규 IT 인력이 배치되었음. 제타의 교착 상태가 지속되어 일정 지연이 심각함.

그림 6.2 **마운트 올림푸스 컴퍼니의 프로젝트 보고서**

프로젝트가 일정보다 지연되고 있다는 점이다.

'일정'을 나타내는 영역에 굵은 세로선이 보이는데, 이 선은 OPPM의 보고 월이 11월임을 알려 준다. 그런데 제타 프로젝트에서 이 선 좌측의 동그라미 4개가 색칠되지 않았다. 일정이 4개월 지연되고 있다는 뜻이다. 현시점에서 동그라미가 색칠되지 않은 프로젝트를 확인하면, 3개의 프로젝트가 지연되고 있음을 알 수 있다. 또한, 굵은 세로선 우측으로 색칠된 동그라미를 보면 8개의 프로젝트는 일정을 앞서가고 있다.

네 번째에 있는 엡실론 프로젝트는 5월 전에는 동그라미가 없는데, 이것은 이 프로젝트가 5월에 착수했음을 알려 준다. 또한, 여섯 번째의 에타 프로젝트는 동그

라미가 9월까지만 있는데, 이는 프로젝트가 9월에 완료됐다는 뜻이다. 이렇게 일정 영역의 동그라미는 프로젝트의 착수와 종료 시점 또는 해당 보고 이후 진행되는 개월 수를 나타내며, 프로젝트가 일정에 맞춰 진행되는지, 지연되는 프로젝트는 없는지, 일정을 앞서가는 프로젝트는 무엇인지 보여 준다.

그림의 좌측 첫 번째 칸에 '역량'이라고 표시되어 있다. 이 칸 아래로 보면 회사의 전략적 목표 세 가지, 즉 혁신, 운영 우수성, 고객 만족이 기재되어 있다. 마운트 올림푸스는 시장에서 혁신기업이 되고[IN], 우수한 방식으로 운영을 하며[OE], 뛰어난 방식으로 고객의 필요를 돌보는[CC] 것을 목표하고 있다. OPPM에 기재된 어떤 프로젝트의 과업이 전략적 목표를 타깃으로 삼지 않으면, '역량' 칸은 빈칸으로 남아 눈에 잘 띌 것이다. 이 칸을 통해 각 프로젝트가 전략적 목표와 어떤 관련이 있는지 알 수 있다. 제타 프로젝트는 이 칸에 OE라고 표시되어 있는데, 이를 통해 보고서를 검토하는 사람은 이 프로젝트가 기업의 전략적 목표 중 운영 우수성[OE]과 연관되어 있음을 알게 된다.

전략적 목표 우측 칸에는 운영 계획이 있다. 여기에는 판매 성장[S], 효율성[E], 배송[D], 총자산이익률[R]이 포함되며 이것은 단기 목표에 해당한다. 적시 배송은 고객 만족을 반영하는 하나의 측정 지표이며, 이를 제외하면 굳이 설명할 필요 없는 자명한 목표들이다. 제타 프로젝트의 운영 목표는 판매에 박차를 가하는 것으로 이 프로젝트는 기업의 판매 성장 목표와 관련 있다.

비용 옆 칸에는 '자본'이 있는데 이는 프로젝트의 자본 지출을 말한다. 일반적으로 자본 지출은 1년 이상 이용할 수 있는 장비 등 유형 자산을 구입하는 비용이다. 자본 지출은 대차대조표에 나타내는 반면, 일반 지출은 손익계산서에 기재한다. 제타 프로젝트의 경우 자본 예산 45만 달러 가운데 28만 5000달러가 자본 지출로 투자됐다.

또 비용 옆의 칸을 보면 '인력'이 있다. 이것은 각 프로젝트의 참여 인원수를 나타낸다. 이 부분을 보고 경영진은 특정 시점에서 어떤 프로젝트에 어느 정도의 인력이 투입되고 있는지 파악할 수 있다. 제타 프로젝트는 11명이 참여하고 있다. 이는 정직원과 임시 직원이 모두 포함된 숫자로, 이 11명이 근무 시간 중 일부를 해당 프로젝트에 할애한다는 뜻이다. 그렇기 때문에 프로젝트의 참여 인원수가 전일 종사자 노동력FTEs을 나타내는 것은 아니다. 내 경험상 인원수를 세세하게 세다 보면 업무가 비효율적이 되기 쉽다. 실제로 프로젝트에 쏟는 시간은 중요하지만, 보고서 상에서 인원수를 체크하는 것은 크게 중요하지 않다.

〈그림 6.2〉에서 윗줄의 가장 우측 칸에는 프로젝트 관리자를 기록한다. 그림에서 볼 수 있듯이 제타 프로젝트의 프로젝트 관리자는 존이며, 그가 이 프로젝트의 책임자이다. 바로 옆 칸을 보면 '담당자 및 우선순위' 칸이 있다. 여기에는 프로젝트를 진행하는 부서의 상급 관리자를 기록한다. 그리고 프로젝트를 운영하고 책임을 지는 사람들을 기여도에 따라 구분하여 표시한다. 프로젝트의 총책임자를 A로, 그 밑의 조력자를 책임의 정도에 따라 B, C로 구분하여 나타낸다.

그림 중간에 색상으로 표시되는 '현황' 칸은 각 프로젝트의 종합적인 성과를 보여 준다. 초록색은 일정이나 예산이 계획대로 진행되고 있음을 나타낸다. 그러니 주의를 기울이지 않아도 된다. 노란색은 뭔가 문제가 있긴 하지만 만회할 시간이 있다는 뜻이다. 현시점에서는 고위 경영진이 우려할 수준이 아니다. 약간의 일정 지연과 예산 초과가 발생했거나 다른 문제들이 있을 수 있지만, 경영진이 개입하지 않아도 적절한 방식으로 프로젝트가 완료될 수 있을 때 노란색으로 표시한다.

빨간색으로 표시한 프로젝트는 문제가 있는 것이다. 그림에서는 제타 프로젝트와 이오타 프로젝트의 현황이 빨간색이다. 앞서 언급했듯이 제타 프로젝트는 일정이 4개월 지연되고 있다. 이러한 프로젝트는 고위 경영진이 개입하여 부서 간 서로 지원하게 하고 우선순위를 재설정할 필요가 있다.

그림의 우측 하단 직사각형에서는 자본 및 비용 그리고 예산을 함께 보여 준다. 자본 예산 116만 9,000달러 중 107만 8,000달러가 지출됐으며, 비용 예산 242만 달러 중 206만 6,000달러가 지출되었다. 그래서 초록색으로 나타냈으며, 전반적으로 예산과 관련해서는 크게 걱정할 필요가 없음을 보여 준다.

보고서 중간에 굵은 가로선 아래로 보면 크시, 오미크론, 파이, 로의 4개 프로젝트가 최근에 완료됐다. 일정에 표시된 동그라미가 모두 색칠되어 있고, 더 이상 남아 있는 동그라미가 없다는 것을 알 수 있다.

그림 제일 하단의 직사각형에는 '요약 및 전망'을 기록한다. 〈그림 6.2〉의 보고서에는 이 영역에 다음의 내용을 언급했다.

'이오타와 카파는 IT 자원이 충분하지 않아 지속적인 어려움을 겪고 있음. 제타는 테스트 실패와 영역 확장으로 교착 상태에 빠져 있음. 이오타와 카파에 신규 IT 인력이 배치되었음. 제타의 교착 상태가 지속되어 일정 지연이 심각함.'

이 공간에는 일정 지연과 빨간색과 노란색 때문에 제기될 질문에 대해 간단명료한 답변을 내놓아야 한다. 그리고 나서 향후 전망을 제시한다.

PMO가 이러한 통합 OPPM으로 보고하면, 고위 경영진은 모든 프로젝트가 어떻게 진행되고 있으며, 회사의 전략과 어떻게 연계되는지, 담당자가 누구인지 신속하게 파악할 수 있다. CEO를 비롯한 경영진은 이 도구를 재빠르게 검토하면서 그러한 모든 정보를 알아낸다. 그렇게 많은 세부 사항을 아주 이해하기 쉬운 보고서로 제공함으로, PMO는 회사의 전반적인 프로젝트들에 대한 의사소통의 통로라는 자신의 목적을 성공적으로 달성할 수 있다. 그뿐만 아니라 이 장 서두에서 언급한 8가지 주요 목적을 이룰 수 있게 된다. 이처럼 PMO가 효율적인 조직이 되기 위한 핵심 도구는 바로 OPPM이다.

단 한 장으로 이루는 최고의 효율과 성과

07

OPPM/A3와 전략 전개

'일반적으로 전략을 세울 때 경영진은 판매 예상치나 시장 예측, 고객 반응을 토대로 보수적인 계획을 짠다. 보수적인 계획의 결과물은 그런대로 예측이 맞을지도 모른다. 하지만 이런 식의 계획으로 과감한 전략을 세우지 못하는 보고서는 다음 계획을 세울 때까지 책상에 그대로 놓여 먼지만 수북이 쌓일 것이다. 그러면 경영진은 책상에서 보고서를 치우며 작년의 거창했던 전략을 떠올린다. 예전에는 어떻게 그런 업무를 추진했을까?

이런 문제의 주요 원인은 대부분 전략 계획 프로세스에 있다. 많은 기업에 계획 프로세스용 정보 시스템이 있어 적절한 데이터를 제공하지만, 대개 이를 잘 활용하지 못한다. 그래서 이 정보시스템을 기반으로 하는 실행을 실패하고 만다. 이 문제는 정보 시스템이 아니라 계획 프로세스와 실행 프로세스에 있다.'

– 매트 래니어스Matt Lanius

이번 장에서는 전략 계획의 실패 극복과 전략 계획 수립 시간을 단축하는 전략 전개에 대해 다룬다. 전략 계획을 실행하기 위해서 OPPM/A3를 어떻게 활용하며, 이를 활용했을 때 실행 과정이 얼마나 단순해지는지 살펴보자.

이 장을 검토하고 나면 다음 사항을 배우게 된다.

- 전략 전개 또는 정책 전개에 적용되는 린 원칙
- 호신 켄리hoshin kenri의 의미
- 전략 전개를 위한 OPPM/A3 활용
- 가장 중요한 문제로 전략 계획을 실행하는 방법

💬 자원의 효율적인 활용을 위한 전략 전개

전략 전개는 린 경영 시스템에서 매우 중요한 요소이다. '린 화법'에서 전략 전 개는 종종 일본 용어인 '호신 켄리'로 언급되는데, 이를 정확하게 말하면 전략 전개 보다 정책 전개에 가깝다. OPPM/A3를 활용해 전략 전개를 할 때 계획의 효율성 은 매우 높아지고 전략을 아주 간단하게 실행할 수 있게 된다. 즉, OPPM과 A3는 전략 전개를 위한 최상의 도구이며, 프로젝트의 실행력을 대단히 높여 준다.

린 또는 도요타 방식에서는 가장 기본적인 OPPM을 '엑스 매트릭스x-matrix'라고 부른다. 린을 실천하는 사람은 알고 있겠지만, OPPM은 단순한 엑스 매트릭스에 머물지 않고 더욱 강력한 힘을 발휘한다.

전략 전개의 목적은 '전략을 가장 효율적으로 실행하기 위해 매일 내려야 하는 결정과 경영의 방향을 안내해 주는 계획 또는 활동 과정'을 제시하는 것이다. 전략 전개는 우리가 지금까지 세워왔던 계획과는 매우 다르다.

전개라는 말은 '자원을 체계적으로 할당'한다는 의미를 전달한다. 그래서 전개는 전략 실행 단계에서 어떤 자원이 가장 효율적으로 활용되는지 계획하는 일이며, 그에 더해 그 자원이 활용되는 시기, 장소, 방법 등을 결정하는 것이다.

A3는 전략을 기술하고 전략, 목표, 성과 등을 측정한다. 그리고 OPPM은 전략 실행에 필요한 자원의 전개 및 용도를 알려 준다. 그래서 A3와 OPPM을 통합하여 사용하면 전략 전개에 필요한 중요한 정보를 모두 단 한 장의 종이에 나타낼 수 있다.

💬 전략 전개의 방법과 특징

전략 전개 방식은 다음과 같다.

• 하향식의 연속적인 계획 방식
• 상향식의 종합적인 보고 방식

연속적인 계획과 종합적인 보고를 통해 조직의 구성원 대부분이 전략적 목표에 개입하게 되고 목표에 맞는 임무를 배정받는다. 또한, 모든 직원이 전략의 성과와 결과물을 내는 일에 참여할 가능성이 높아진다. 각각의 계획에서는 상위 계획인 최종 계획을 달성하는데 기여하는 세부 사항을 매우 상세하게 계획해야 한다.

최상위 계획에서는 포괄적인 전략을 언급하고 비전, 방향, 최종 목표, 세부 목표 등을 제시한다. 그리고 하위 계획에서 구체적인 활동과 기한 내에 완료해야 하는 목표들에 대해 아주 상세하게 기록한다.

전략 전개 프로세스는 신체가 작동하는 과정과 비슷하다. 우리의 정신은 신체의 모든 기능을 통제할 수 없다. 예를 들어, 정신이 심장에 펌프질을 더 빨리 하라고 신호를 보내도 심장은 자율적으로 움직인다. 더구나 심장이 심장 세포에 구체적인 임무를 지시하지 않는다. 심장 세포는 주변 환경에서 정보를 받아 적절한 반응을 하는 것이다. 이 세포들이 반응하는 방식이 심장의 펌프질에 영향을 주고, 심장의 반응이 신체에 영향을 준다. 이와 비슷하게 전략 전개도 전체적인 전략 계획과 실행은 고위 경영진이 결정한다기보다는 조직 내 상호의존적인 부서 간의 자율적인 활동을 통해 구현된다.

이 장에서는 3단계의 전략 전개를 다루었으며, 기업, 운영, 팀 차원에서의 전략 전개를 고려할 것이다. 이 세 가지가 우리의 정신, 기관, 세포에 해당한다. 정신은 세포에 특정 활동을 구체적으로 지시하지 않는다. 이와 비슷하게 기업의 경영진은 조직 전반에서 각 팀들이 수행하는 활동과 계획을 일일이 간섭하지 않는다.

전략 전개의 각 단계에서는 어느 정도 자체적으로 PDCA 사이클이 순환된다. 최상위 단계가 설정한 최종 목표를 지원하기 위해, 하위 전략 전개는 PDCA의 순환을 통해 개선해 나간다. 이렇게 각 단계에서 PDCA를 순조롭게 진행시키는 최고의 도구가 OPPM/A3이다.

전략 전개에는 몇 가지 공통적인 특징이 있다.

- 전략 전개 및 각 단계별 계획은 PDCA 사이클을 기반으로 세운다.
- 각 계획은 OPPM/A3로 제시된다.
- OPPM/A3는 계획과 수행 보고의 기능을 모두 가지고 있다.
- 각 단계의 계획은 적절한 과업과 활동을 통해 기업의 전략과 상위 계획의 목표를 이루는 데 기여한다.
- 소규모나 중간 규모의 기업에서 일반적으로 3단계의 계획이면 충분하다. 하지만 규모가 큰 기업으로, 지사가 지리적으로 광범위하게 분산되어 있거나 복

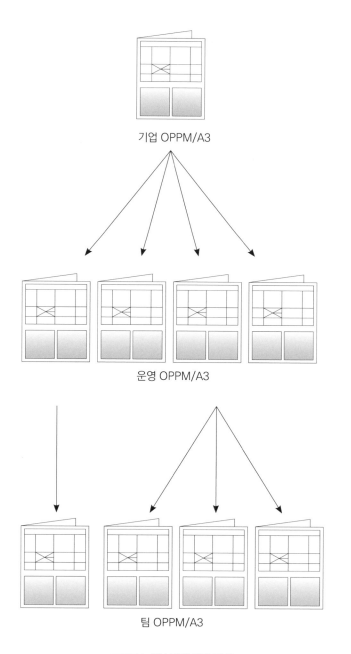

기업 OPPM/A3

운영 OPPM/A3

팀 OPPM/A3

그림 7.1 **연속적인 전략 전개**

합 산업체일 경우 3단계 이상의 전략 전개가 필요할 수 있다.

일반적으로 PDCA 사이클의 순환은 끝이 없다. 한 번의 순환이 끝나면 이어서 다음 순환이 시작된다. 종종 사이클의 순환이 끝나지도 않았는데 다음 사이클이 시작되는 경우도 있다. 그래서 PDCA 사이클이 처음 시작되기 전에 경영 상태와 환경을 점검할 필요가 있다. 전략 전개는 그러한 상황을 검토하는 것으로 시작한다. 토마스 잭슨Thomas Jacson은 자신의 저서《린 기업을 위한 호신 캔리Hoshin Kanri for the Lean Enterprise》에서 PDCA 사이클이 시작되기 전 전략 전개 초기에 경영 상태와 환경을 점검하는 과정을 '검토review'가 아니 '정밀 검사scan'라는 표현을 사용했다.

▶▶ 전략 전개를 위한 OPPM/A3

전략 전개는 기업의 경영진이 먼저 착수에 들어간다. 경영진은 경영 환경을 검토(정밀 검사)할 책임이 있다. 경영 환경을 철저하게 파악하기 위해서 경영진은 회사 전 직원과 외부 사람들에게 도움을 요청해야 한다. 조직의 현재 상태와 환경을 제대로 검토했다고 생각하면, 향후 3-5년에 걸쳐 달성할 기업 전략을 세운다. 이때 세운 전략을 OPPM/A3에 기록한다.

많은 기업이 눈앞에 있는 전략적으로 필요한 요건을 모두 같은 선상에 놓고 고려하기 쉽다. 그러한 요건들을 조직의 성공에 직결되는 가장 중요한 전략적 목표에 맞게 간추리는 것이 매우 중요하다. 이렇게 축소된 전략이 진정한 돌파구를 마련해 주는 유일한 전략이라고 생각하면 도움이 된다. 너무 많은 전략을 세우면, 조직의 역량이 분산되고 전략적인 전진 능력이 줄어든다. 그러니 경영진은 진정한 돌파구가 되는 핵심 전략을 한 번에 3-5개까지만 세워야 한다.

이때 각 핵심 전략을 각기 다른 OPPM/A3으로 제시하는 경우가 많다. 일부 기업에서는 핵심 전략을 하나의 OPPM/A3로 통합해서 전개하지 않고 별도의 A3나 OPPM에 기재하기도 하지만, 이런 방식은 이 도구들을 다소 복잡하고 읽기 어렵게 만들 수 있다.

이 단계에서 경영진은 각 핵심 전략을 성공시킬 일련의 계획과 방법을 규정해야 한다. 오늘날 급변하는 환경 속에서 3-5년에 걸친 전략적 단계 및 활동을 확실하게 설계하기는 매우 어렵다. 장기적 관점을 가지고 불가역적인 전략 방향을 유지해야 하지만, 대체로 사람들은 기업의 최종 목표에 계속 초점을 맞추지 못하고 계획과 프로젝트가 4개월 이상 지속될 것 같으면 그냥 밀어붙인다. 이때 가장 좋은 방법이 장기 핵심 전략과 더불어 1년을 넘지 않는 단기 계획을 세부적으로 세우는 것이다. 그리고 단기 계획 기간이 끝나면 성과를 자축하고, 다음 단기 계획을 짜면 된다. 계획을 한 번 운영한 경험이 있으니 그로 인해 배운 점을 적용하면서 향후 계획을 더 훌륭한 관점으로 세울 수 있을 것이다. 이것이 PDCA 사이클이다. 계획Plan하라. 그리고 계획을 실행Do하라. 결과를 평가Check하고 개선Act하라. 사이클이 순환되는 동안 배운 점을 다음 사이클이 시작될 때 적용해야 한다.

장기 핵심 전략에 대한 결정은 대부분 고위 경영진이 내리지만, 단기 계획은 회사 내 전문가를 비롯해 외부 인사들이 참여하여 함께 논의하며 결정한다. 이러한 협력 과정은 캐치볼 방식으로 이루어진다.

💬 생각을 주고받는 계획 단계, 캐치볼

캐치볼은 공을 주거니 받거니 하는 야구 연습을 말한다. 캐치볼을 하면서 공을 던지는 두 사람은 다양한 각도와 속도로 공을 던져 상대방을 테스트한 후 서로의 송구 및 포구 방식에 대한 피드백을 해 준다. 시간이 지나면서 이들의 야구 실력이 향상된다. 전략 전개에도 캐치볼이 있다. 계획 단계에서 계획에 대한 생각을 주고 받는 과정을 전략 전개의 캐치볼이라고 한다. 경영진이 프로젝트 관리자에게 먼저 공을 던진다. 이때 이런 질문이 내포되어 있다.

'이 계획을 수행할 수 있는가? 계획을 이해하는가? 더 나은 계획을 세우기 위해 무엇을 바꿔야 하는가?'

그러면 프로젝트 관리자는 받은 공에 약간 커브를 주어 변화구를 던진다. 아마 이런 생각이 들어 있을 것이다.

'○○○점을 고려했는가? 그 계획에 필요한 자원이 아직 준비되지 않았다. ○○○ 가 준비되면 목표를 더 효과적으로 달성할 수 있다.'

최상의 수행 방법을 도출해 계획을 만족스럽고 안정적으로 세울 때까지 이러한 의사소통은 계속된다. 경영진과 프로젝트 관리자가 논의 끝에 완성한 계획은 최상 위 OPPM과 A3에 기록한다. 이렇게 만들어진 한 장으로 된 최상위 OPPM에는 다음 사항이 포함된다.

- 전략 및 핵심 계획
- 계획
- 과업 및 세부 계획
- 일정
- 예산
- 각 과업 및 세부 계획의 관리자

그리고 A3에는 다음 사항을 기술한다.

- 선별된 핵심 전략과 그와 관련된 중요 정보
- 검토 대상에 올랐지만, 핵심 전략으로 선별되지 않은 다른 전략
- 전략을 선별하게 된 추론 과정
- 계획과 목표 및 최종 목표에 대한 추론 과정
- 전략의 비전, 즉 핵심 전략으로 달성할 수 있는 것
- 기대하는 효과

사실상 A3는 분석하고 가설을 세워 실험하고, 전략적 개선을 통해 검증된 결과를 서술하는 과학적인 실행 방법이 담긴 보고서이다. 보고서를 검토하는 사람은 그 안에 담긴 PDCA 사이클을 눈치챌 수밖에 없다. 이를 위해 A3에 OPPM을 결합하여 전략과 계획에 대한 가장 중요한 정보를 단 한 장의 종이에 간단명료한 방식으로 전달하면 된다.

▶▶ 기업 OPPM/A3

최상위 전략 전개 보고서를 이 책에 나오는 다른 전략 전개 단계와 구별하기 위해 '기업 OPPM/A3'라고 하자. 기업 OPPM/A3에 있는 OPPM의 예시를 〈그림 7.2〉에서 볼 수 있다.

OPPM을 검토하는 방법은 보고서의 좌측에서 시작해 시계 방향으로 한 면의 4분의 1씩 읽는 것이다. 보고서 좌측 하단에는 핵심 전략이 3-5개 기재된다. 이 예시에는 간단한 모형을 보여 주기 위해 전략 두 개만 나타냈다.

ABC 3개년 경영 전략(3년 전략-1년 계획-2기)

ONE-PAGE | 단위 : 천 | 관리자 : 톰 존슨 | 보고일 : 2004년 7월 24일

전략	목표	자본		비용		인력	1년 계획	현황	일정	담당자 및 우선순위	집행임원
OE	S	7	50	0	100	81	부가가치 없는 단계 7% 감축		●●●●●●●●○○○○○○○○	A A A A A A A A	J.L.
IN	S, D	0	0	0	10	11	새 충전지 제품 요건 결정		●	A B	D.D.
IN	S	0	0	0	25	9	새 충전지 제품 엔지니어링 완료		●●●●●●○○○○○□□□	A	D.D.
IN	S	0	3800	0	100	5	새 충전지 제품 생산 부지 확보		●○○○○○○○○	B A	K.H.
IN	S, E	0	0	0	10	4	충전지 제품 프로세스 설계		●●●●●○○○○○	A	D.D.
IN	S	0	0	0	100	3	충전지 생산시설 건축 완료		○○○○	B A	K.H.
IN	S	0	0	0	15	6	충전지 사업과 마케팅 및 계획 착수		●	B A B	S.D.
OE	E	0	0	62	50	4	직원마다 1년에 5시간까지 훈련 시간 확대		●●●●●●●●●●	A	A.J.
OE	E	0.5	5	4	5	2	훈련 효과를 측정하는 시스템 도입		●●●	A	A.J.
	S	0	0	8	10	4	충전지 품질 유지와 서비스 경영 및 마케팅과 계획 향상		●	B B A	M.R.
	S	0	0	17	15	3	충전지 품질 유지 서비스를 위한 부대시설		●●●○○○	B A	M.R.
OE	E, D	6	100	6	50	69	경영 전반에 걸친 효율성 5% 향상		●○○○○○○○○○	A A A A A A A	J.L.
OE	E, D	17	100	0	20	41	주문 처리 시간 12% 감축		●○○○○○○○○○○○○○○○	A A A A A A A A	J.L.
							현재 전략적 업무가 목표대로 진행 중인가?				
							전략적 노력이 제대로 진행되고 있는가?				
							기업이 한 팀이 되어 협력하고 있는가?				
계획	총액	30,5	4055	97	510	242					

일정: 5/7 5/14 5/21 5/28 6/4 6/11 6/18 6/25 7/2 7/9 7/16 7/23 7/30 8/6 8/13 8/20 8/27 3기

담당자: 리타 피터스, 앨리스 헌트, 조 헤스터스, 닐 배지, 론 맥스웰, 페티 스탠드, 빌 쿽, 메리 젠킨스

1년 계획 / 목표 일정 / 목표 / 원가 / 요약 및 전망

자본 / 비용 / 기타

0.0 1,000.0 2,000.0 3,000.0 4,000.0 5,000.0

= 시리즈 2
= 시리즈 1

모든 계획이 정상적으로 진행되고 있다. 새로운 충전지 제품의 엔지니어링은 최근 높아진 맞춤 제작 수요로 인해 자원이 소진되어 일정이 지연되었다. 해당 부서는 2주 안에 일정을 정상 궤도로 되돌릴 것이고 만약 그렇게 하지 못하면 그 업무를 외부에 위탁할 것이다. 충전지 품질 유지를 위한 부대시설이 지연되고 있지만 다음 주까지 정상 속도를 낼 것이라고 예상된다. 직원들이 지속적으로 능력을 발전시켜 협력하고 있기 때문에 기한에 맞춰 모든 목표를 달성할 것으로 기대한다.

그림 7.2 **기업의 OPPM/A3의 OPPM**

보고서를 우측으로 90도로 돌려 상단을 보면 1년 계획을 완수하기 위해 달성해야 하는 목표를 확인할 수 있다. 이 그림이 2기 세 번째 달의 보고서라는 점에 주목해 보자. 계획 중에는 이미 완수된 것도 있고 진행 중인 것도 있다. 그런가 하면 이제 막 착수에 들어간 것도 있으며, 어떤 과업은 아직 시작도 안 됐다.

보고서의 우측에는 일정과 함께 각 계획을 이끄는 담당자와 담당자의 업무를 후원하는 집행 임원이 기재된다. 집행 임원의 역할은 다음과 같다.

• 프로젝트와 실행 팀을 직접적으로 연계하고 정보를 전달한다.
• 프로젝트 관리자에게 비전과 과업, 전략적 방향을 제시하고 이해시킨다.

- 프로젝트 실행팀과 다른 부서 사이에서 소통 창구 역할을 하며 서로 협력하여 프로젝트를 성공시키도록 돕는다.
- 실행 팀의 멘토가 된다.

보고서의 제일 하단을 보면 특정 계획에 대해 알릴 필요가 있는 정보를 전달하는 '요약 및 전망'이 있다. 예시에서 프로젝트 관리자와 집행 임원은 계획을 간단하게 요약했고, 막대그래프로 원가에 대한 정보를 전달했다.

다음 페이지의 〈그림 7.3〉은 OPPM이 결합된 OPPM/A3를 보여 준다.

기업 OPPM/A3는 대부분 '정밀 검사-계획-실행-평가-개선'의 형식으로 작성된다. 여기에 '정밀 검사scan'가 추가됐다는 점에 주목해야 한다. PDCA 사이클이 시작하기 전에 탄탄한 계획을 위해 경영 환경부터 정밀 검사해야 한다. PDCA 사이클이 순환되기 시작하면, 이 사이클을 토대로 다음 사이클이 시작된다. 그래서 사이클이 처음 시작되기 전에 정밀 검사를 해야 연속적인 사이클을 순조롭게 순환시킬 수 있다. 〈그림 7.4〉에서 정밀 검사 항목을 볼 수 있다. 아마도 관리자는 여기에 기록한 내용 이상으로 많은 정보를 검토했을 것이다. 그리고 가장 중요하다고 판단한 정보를 OPPM/A3에 기술했다.

정밀 검사가 끝나면 경영진은 계획을 작성한다. 이 단계에서 프로젝트 관리자와 여러 차례 캐치볼을 주고받아 모든 참여자가 공감하는 최상의 방향을 계획에 담아내고 팀원의 협력과 지지를 확실하게 이끌어내야 한다. 〈그림 7.5〉는 이 계획 단계를 크게 확대하여 보여 준다.

계획의 마지막 단계에서 OPPM을 작성하는데 이 OPPM은 실행 전반에 걸쳐 방향을 안내하고 현황을 파악하는 주요 도구가 된다. 〈그림 7.6〉이 OPPM/A3에 들어간 OPPM이다.

정밀 검사

연말 데이터	목표	실제	
품질	99.0%	99.2%	☺
원가	80.0%	76.3%	☺
배송	99.0%	99.1%	☺
안정성	>5	6	☺ ☺ ☹
근로 의욕	>8.5	9.2	☺ ☺
수익	>674	697	☺ ☺

시장 점유율(멕코믹, 로버트슨, 웨이크필드) 스왓(SWOT) 분석

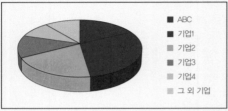

- ■ ABC
- ■ 기업1
- ▨ 기업2
- ■ 기업3
- ▨ 기업4
- ▨ 그 외 기업

강점 요인	약점 요인
뛰어난 QEDSM 매트릭스 2003 새로운 테스트 장비에 대한 부채를 제외하면 부채가 없음.	상품의 공급 범위가 경쟁사에 뒤처짐. 운영 비용이 점차 증가함.
기회 요인	위협 요인
충전지 무정전 전원 장치 전력 변환 장치	비용 증가 경기 전망 악화

2004 제약 요인 예상

법인세 증가 3.7%	
UL 인증 조건	미세한 변화 유의미한 영향 없음.

2004 원가 증가 예상

총 인플레이션	4.1%
구리	6.9%
연료	8%

잠재적 공급망 문제 및 공급 부족

문제가 없어 보임. 모든 공급업체가 낙관적인 전망을 내놓고 있음.

수요

자동차 판매 증가로 인해 수요가 3-4% 증가할 것으로 예상됨.

계획

목 표	2004	2005	2006
품 질	99.2%	99.3%	99.4%
원 가	75.0%	72.5%	70.0%
배 송	99.2%	99.4%	99.6%
안정성	<4	<4	<3
근로 의욕	>8.5	>8.6	>8.6
수 익	>700	720	770

시장 점유율 증가

경기가 예상보다 수축 국면에 접어들면서 기업의 슬로건인 '비용 감소, 판매 증가'는 더욱 중요해지고 있다.

수요가 크게 늘어나지 않을 것으로 보이기 때문에 시장 점유율을 높여야 한다. 이에 대한 대책으로 자사 상품의 공급 범위를 확장해야 한다. 우리 회사는 세 가지 품목의 새로운 시장에 단계적으로 진입할 것이다.

충전지: 2004년에 이 제품 라인을 제조하여 2005년에 판매에 착수한다.

무정전 전원 장치: 2005년에 이 제품 라인을 제조하여 2006년에 판매에 착수한다.

전력 변환 장치: 2006년에 이 제품 라인을 제조하여 2007년에 판매에 착수한다.

비용 절감

세금과 재료 원가가 지속적으로 상승한다. 우리는 경쟁력 있는 인력을 계속 확충할 것이지만, 이로 인한 인건비는 비용 절감으로 상쇄돼야 한다. 이를 위한 대책은 프로세스 단계 및 폐기물 감축에 집중적인 초점을 맞추는 것이다. 비용을 최소화하기 위한 이러한 감축은 최소한의 비용으로 수행되어야 한다. 모든 자본 비용은 진지하고 철저하게 검토한 후 집행될 것이다.

원료 원가가 심각한 문제다. 철공진 방식에서 직접회로 방식으로 설계를 바꿈으로 화물 비용을 줄일 수 있다. 현재 고객이 철공진형 제품을 크게 신뢰하고 있기 때문에 철공진 방식으로 설계된 새로운 제품을 개발하는 것도 필요하다. 하지만 비용을 절감하기 위해 가능한 빨리 직접회로 방식 설계를 도입해야 한다. 영업부가 이 방식의 제품을 적극 판매하는 것이 중요하다.

직접회로 설계로의 전환을 통해 회사는 원가 경쟁력과 원가 절감 두 가지를 얻게 될 것이다. 이 방식은 화물 배송 비용을 40%까지 절감시킬 수 있다.

그림 7.3 **기업 OPPM/A3**

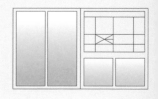

ABC 3개년 경영 전략(3년 전략-1년 계획-2기)

ONE-PAGE　　단위 : 천　　관리자 : 톰 존슨　　보고일 : 2004년 7월 24일

전략	목표	자본		비용		인력	1년 계획	현황	일정	담당자 및 우선순위	진행임원
OE	S	7	50	0	100	81	부가가치 없는 단계 7% 감축			A A A A A A A A	J.L.
IN	S,D	0	0	0	100	11	새 충전지 제품 요건 결정			A B	D.D.
IN	S	0	0	0	25	9	새 충전지 제품 엔지니어링 완료			A	D.D.
IN	S	0	3800	0	100	5	새 충전지 제품 생산 부지 확보			B A	K.H.
IN	S,E	0	0	0	100	4	충전지 제품 프로세스 설계			A	D.D.
IN	S	0	0	0	100	3	충전지 생산시설 건축 완료			B A	K.H.
IN	S	0	0	0	15	6	충전지 사업과 마케팅 및 계획 착수			B A B	S.D.
OE	E	0	0	62	50	4	직원마다 1년에 5시간까지 훈련 시간 확대			A	A.J.
OE	E	0,5	5	4	5	2	훈련 효과를 측정하는 시스템 도입			A	A.J.
	S	0	0	8	10	4	충전지 품질 유지와 서비스 경영 및 마케팅과 계획 향상			B B A	M.R.
	S	0	0	17	15	3	충전지 품질 유지 서비스를 위한 부대시설			B A	M.R.
OE	E,D,R	6	100	6	50	69	경영 전반에 걸친 효율성 5% 향상			A A A A A A A A	J.L.
OE	E,D	17	100	0	20	41	주문 처리 시간 12% 감축			A A A A A A A A	J.L.
							현재 전략적인 업무가 목표대로 진행 중인가?				
							전략적 노력이 제대로 진행되고 있는가?				
							기업이 한 팀이 되어 협력하고 있는가?				
계획	총액	30,5	4055	97	510	242					

일정 날짜: 5/7 5/14 5/21 5/28 6/4 6/11 6/18 6/25 7/2 7/9 7/16 7/23 7/30 8/6 8/13 8/20 8/27 3/1

(좌측 회전축 항목) 판매 성장(S), 효율성(E), 배송(D), ROA(R) / 영업 이익률 20% 달성, 새 충전지 시장 진입(N)? / 자본 지출 / 평균 비용 / 비용 지출 / 상향 예비 / 1년 계획 - 총인원수

(중앙 다이어그램) 1년 계획 — 목표 일정 / 목표 — 원가 / 요약 및 전망

범례: = 시리즈 2 / = 시리즈 1

(막대그래프 축) 0 1,000.0 2,000.0 3,000.0 4,000.0 5,000.0 / 자본, 비용, 기타

모든 계획이 정상적으로 진행되고 있다. 새로운 충전지 제품의 엔지니어링은 최근 높아진 맞춤 제작 수요로 인해 자원이 소진되어 일정이 지연되었다. 해당 부서는 2주 안에 일정을 정상 궤도로 되돌릴 것이고 만약 그렇게 하지 못하면 그 업무를 외부에 위탁할 것이다. 충전지 품질 유지를 위한 부대시설이 지연되고 있지만 다음 주까지는 정상 속도를 낼 것이라고 예상된다. 직원들이 지속적으로 능력을 발전시켜 협력하고 있기 때문에 기한에 맞춰 모든 목표를 달성할 것으로 기대한다.

실행

1기와 2기, 3기 OPPM 참조
A3에 포함된 2기 실행
1기와 3기의 효율성 검토 : 2004 OPPM 전략 부문

연구

1기 검토(2003.12.17)

모든 과업이 정상적으로 진행된다. 엔지니어링, 마케팅, 구매 부문에서 충전지 신제품과 관련해 훌륭한 진척을 보이고 있다. 프로세스 단계 및 폐기물 감축 부분에서 상당한 진척이 있지만, 경기가 지속적으로 하락하고 있기 때문에 이러한 감축 노력분 아니라 경영의 전반적인 운영에 더욱 박차를 가해야 한다.

2004.07.01 업데이트

프로세스 단계 및 폐기물 감축 노력이 성공적으로 진행되고 있다. 마케팅과 엔지니어링 부문에서 새 충전지 제품 출시가 활발하게 진척되고 있다. 단 한 가지 예외로, **회로판 생산은 일정이 지연된다.**

조정

프로세스 단계 및 폐기물 감축에 더 많은 노력을 기울여야 한다. 이를 위한 방안을 마련하기 위해 스티브가 각 프로젝트 관리자와 회의를 할 것이다.

2004.07.01 업데이트

스티브와 프로젝트 관리자들이 회의한 결과 다음 사항을 수행할 것이다.

• 타운 홀 회의를 통한 인식 강화
• 격주로 진척 상황 검토
• 필요한 지점에 자원 공유
• 집행 임원과 프로젝트 관리자가 월별 개선점 4가지를 직접 지휘

엔지니어들은 회로판 설계 일정을 정상 궤도로 끌어올릴 수 있다고 생각한다. 앞으로 2주 이내 그렇게 하지 못하면 회로판 설계는 하청을 맡길 것이다.

그림 7.3 (계속)

정밀 검사

연말 데이터	목표	실제	
품질	99.0%	99.2%	☺
원가	80.0%	76.3%	☺
배송	99.0%	99.1%	☺
안정성	>5	6	☺ ☺ ☹
근로 의욕	>8.5	9.2	☺ ☺
수익	>674	697	☺ ☺

시장 점유율(멕코믹, 로버트슨, 웨이크필드) **스왓(SWOT) 분석**

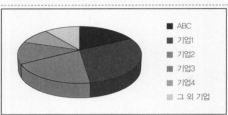

- ■ ABC
- ■ 기업1
- ■ 기업2
- ■ 기업3
- ■ 기업4
- ■ 그 외 기업

강점 요인	약점 요인
뛰어난 QEDSM 매트릭스 2003 새로운 테스트 장비에 대한 부채를 제외하면 부채가 없음.	상품의 공급 범위가 경쟁사에 뒤처짐. 운영 비용이 점차 증가함.
기회 요인	위협 요인
충전지 무정전 전원 장치 전력 변환 장치	비용 증가 경기 전망 악화

2004 제약 요인 예상

법인세 증가 3.7%	
UL 인증 조건	미세한 변화 유의미한 영향 없음.

2004 원가 증가 예상

총 인플레이션	4.1%
구리	6.9%
연료	8%

잠재적 공급망 문제 및 공급 부족
문제가 없어 보임. 모든 공급업체가 낙관적인 전망을 내놓고 있음.

수요
자동차 판매 증가로 인해 수요가 3-4% 증가할 것으로 예상됨.

계획

목 표	2004	2005	2006
품 질	99.2%	99.3%	99.4%
원 가	75.0%	72.5%	70.0%
배 송	99.2%	99.4%	99.6%
안정성	<4	<4	<3
근로 의욕	>8.5	>8.6	>8.6
수 익	>700	720	770

시장 점유율 증가

경기가 예상보다 수축 국면에 접어들면서 기업의 슬로건인 '비용 감소, 판매 증가'는 더욱 중요해지고 있다.

수요가 크게 늘어나지 않을 것으로 보이기 때문에 시장 점유율을 높여야 한다. 이에 대한 대책으로 자사 상품의 공급 범위를 확장해야 한다. 우리 회사는 세 가지 품목의 새로운 시장에 단계적으로 진입할 것이다.

충전지: 2004년에 이 제품 라인을 제조하여 2005년에 판매에 착수한다.

무정전 전원 장치: 2005년에 이 제품 라인을 제조하여 2006년에 판매에 착수한다.

전력 변환 장치: 2006년에 이 제품 라인을 제조하여 2007년에 판매에 착수한다.

비용 절감

세금과 재료 원가가 지속적으로 상승한다. 우리는 경쟁력 있는 인력을 계속 확충할 것이지만, 이로 인한 인건비는 비용 절감으로 상쇄돼야 한다. 이를 위한 대책은 프로세스 단계 및 폐기물 감축에 집중적인 초점을 맞추는 것이다. 비용을 최소화하기 위한 이러한 감축은 최소한의 비용으로 수행되어야 한다. 모든 자본 비용은 진지하고 철저하게 검토한 후 집행될 것이다.

원료 원가가 심각한 문제다. 철공진 방식에서 직접회로 방식으로 설계를 바꿈으로 화물 비용을 줄일 수 있다. 현재 고객이 철공진형 제품을 크게 신뢰하고 있기 때문에 철공진 방식으로 설계된 새로운 제품을 개발하는 것도 필요하다. 하지만 비용을 절감하기 위해 가능한 빨리 직접회로 방식 설계를 도입해야 한다. 영업부가 이 방식의 제품을 적극 판매하는 것이 중요하다.

직접회로 설계로의 전환을 통해 회사는 원가 경쟁력과 원가 절감 두 가지를 얻게 될 것이다. 이 방식은 화물 배송 비용을 40%까지 절감시킬 수 있다.

그림 7.4 **정밀 검사 단계 확대**

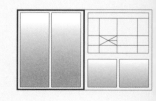

계획

목표	2004	2005	2006
품 질	99.2%	99.3%	99.4%
원 가	75.0%	72.5%	70.0%
배 송	99.2%	99.4%	99.6%
안정성	<4	<4	<3
근로 의욕	>8.5	>8.6	>8.6
수 익	>700	720	770

시장 점유율 증가

경기가 예상보다 수축 국면에 접어들면서 기업의 슬로건인 '비용 감소, 판매 증가'는 더욱 중요해지고 있다.

수요가 크게 늘어나지 않을 것으로 보이기 때문에 시장 점유율을 높여야 한다. 이에 대한 대책으로 자사 상품의 공급 범위를 확장해야 한다. 우리 회사는 세 가지 품목의 새로운 시장에 단계적으로 진입할 것이다.

충전지: 2004년에 이 제품 라인을 제조하여 2005년에 판매에 착수한다.

무정전 전원 장치: 2005년에 이 제품 라인을 제조하여 2006년에 판매에 착수한다.

전력 변환 장치: 2006년에 이 제품 라인을 제조하여 2007년에 판매에 착수한다.

비용 절감

세금과 재료 원가가 지속적으로 상승한다. 우리는 경쟁력 있는 인력을 계속 확충할 것이지만, 이로 인한 인건비는 비용 절감으로 상쇄해야 한다. 이를 위한 대책은 프로세스 단계 및 폐기물 감축에 집중적인 초점을 맞추는 것이다. 비용을 최소화하기 위한 이러한 감축은 최소한의 비용으로 수행되어야 한다. 모든 자본 비용은 진지하고 철저하게 검토한 후 집행될 것이다.

원료 원가가 심각한 문제다. 철공진 방식에서 직접회로 방식으로 설계를 바꿈으로 화물 비용을 줄일 수 있다. 현재 고객이 철공진형 제품을 크게 신뢰하고 있기 때문에 철공진 방식으로 설계된 새로운 제품을 개발하는 것도 필요하다. 하지만 비용을 절감하기 위해 가능한 빨리 직접회로 방식 설계를 도입해야 한다. 영업부가 이 방식의 제품을 적극 판매하는 것이 중요하다.

직접회로 설계로의 전환을 통해 회사는 원가 경쟁력과 원가 절감 두 가지를 얻게 될 것이다. 이 방식은 화물 배송 비용을 40%까지 절감시킬 수 있다.

ABC 3개년 경영 전략

ONE-PAGE | 단위 : 천 | 관리자 : 톰 존슨 | 보고일

전략	목표	자본	비용	인력	1년 계획		현황
OE	S	7	50	0	100	81	부가가치 없는 단계 7% 감축	●●●
IN	S, D	0	0	0	10	11	새 충전지 제품 요건 결정	●●●
IN	S	0	0	0	25	9	새 충전지 제품 엔지니어링 완료	●●●
IN	S	0	3800	0	100	5	새 충전지 제품 생산 부지 확보	
IN	S, E	0	0	0	10	4	충전지 제품 프로세스 설계	
IN	S	0	0	0	100	3	충전지 생산시설 건축 완료	
IN	S	0	0	0	15	6	충전지 사업과 마케팅 및 계획 착수	●
OE	E	0	0	62	50	4	직원마다 1년에 5시간까지 훈련 시간 확대	●●●
OE	E	0.5	5	4	5	2	훈련 효과를 측정하는 시스템 도입	●
	S	0	0	8	10	4	충전지 품질 유지 및 서비스 경영 및 마케팅과 계획 향상	●
	S	0	0	17	15	3	충전지 품질 유지 서비스를 위한 부대시설	
OE	E,D,R	6	100	6	50	69	경영 전반에 걸친 효율성 5% 향상	
OE	E, D	17	100	0	20	41	주문 처리 시간 12% 감축	●○○
							현재 전략적 업무가 목표대로 진행 중인가?	
							전략적 노력이 제대로 진행되고 있는가?	
							기업이 한 팀이 되어 협력하고 있는가?	
계획	총액	30,5	4055	97	510	242		

세로 항목: 판매 성장(S), 효율성(E), 배송(D), ROA(R) | 새 사업으로 시장 점유율 20% 확보(시장진입) | 자본 지출 | 비용 지출 | 1년 계획 · 총인원수

1년 계획 / 목표 / 원가 / 요약 및 전망 / 목표 일정

자본 / 비용 / 기타 / 0.0 / 5/7 5/14

모든 계획이 정상적으로 진행되고 있다. 새로운 충... 되었다. 해당 부서는 2주 안에 일정을 정상 궤도로 ...를 위한 부대시설이 지연되고 있지만 다음 주까지는 ...문에 기한에 맞춰 모든 목표를 달성할 것으로 기대...

실행

1기와 2기, 3기 OPPM 참조

A3에 포함된 2기 실행

1기와 3기의 효율성 검토 : 2004 OPPM 전략 부문

연구

1기 검토(2003.12.17)

모든 과업이 정상적으로 진행된다. 엔지니어링, 마켓팅, 구매 부문에서 충전지 신제품과 관련해 훌륭한 진척을 보이고 있다. 프로세스 단계 및 폐기물 감축 부분에서 상당한 진척이 있지만, 경기가 지속적으로 하락하고 있기 때문에 이러한 감축 노력분 아니라 경영의 전반적인 운영에 더욱 박차를 가해야 한다.

2004.07.01 업데이트

프로세스 단계 및 폐기물 감축 노력이 성공적으로 진행되고 있다. 마케팅과 엔지니어링 부문에서 새 충전지 제품 출시가 활발하게 진척되고 있다. 단 한 가지 예외로, 회로판 생산은 일정이 지연된다.

그림 7.5 계획 단계 확대

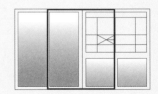

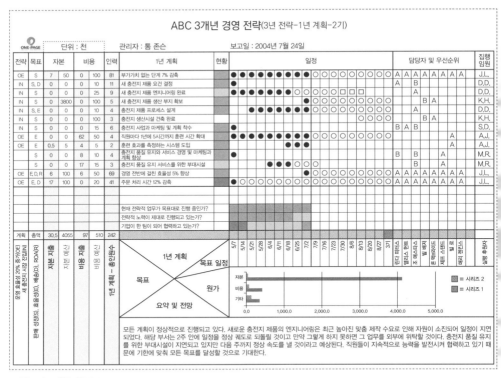

그림 7.6 **기업 OPPM**

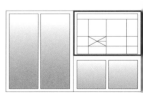

OPPM/A3의 나머지 부분은 프로젝트가 실행되고 PDCA 사이클의 평가 및 개선이 시행되면서 완성된다. 〈그림 7.7〉을 보면 평가와 개선 단계를 보여 준다. 이 그림에서는 평가와 개선 대신에 '연구study'와 '조정adjust'이라는 표현을 사용했다. 이는 슈하르트Walter Andrew Shewhart가 사용한 표현인데, 우리 직원들은 이 표현을 더 선호하기도 했다.

이처럼 1단계 전략 계획인 기업 OPPM/A3는 기업의 전략을 간단명료하게 전달하고 전략 실행 방법을 포괄적으로 제시한다.

실행

1기와 2기, 3기 OPPM 참조

A3에 포함된 2기 실행

1기와 3기의 효율성 검토 : 2004 OPPM 전략 부문

연구

1기 검토(2003.12.17)

모든 과업이 정상적으로 진행된다. 엔지니어링, 마켓팅, 구매 부문에서 충전지 신제품과 관련해 훌륭한 진척을 보이고 있다. 프로세스 단계 및 폐기물 감축 부분에서 상당한 진척이 있지만, 경기가 지속적으로 하락하고 있기 때문에 이러한 감축 노력분 아니라 경영의 전반적인 운영에 더욱 박차를 가해야 한다.

2004.07.01 업데이트

프로세스 단계 및 폐기물 감축 노력이 성공적으로 진행되고 있다. 마케팅과 엔지니어링 부문에서 새 충전지 제품 출시가 활발하게 진척되고 있다. 단 한 가지 예외로, **회로판 생산은 일정이 지연된다.**

조정

프로세스 단계 및 폐기물 감축에 더 많은 노력을 기울여야 한다. 이를 위한 방안을 마련하기 위해 스티브가 각 프로젝트 관리자와 회의를 할 것이다.

2004.07.01 업데이트

스티브와 프로젝트 관리자들이 회의한 결과 다음 사항을 수행할 것이다.
- 타운 홀 회의를 통한 인식 강화
- 격주로 진척 상황 검토
- 필요한 지점에 자원 공유
- 집행 임원과 프로젝트 관리자가 월별 개선점 4가지를 직접 지휘

엔지니어들은 회로판 설계 일정을 정상 궤도로 끌어올릴 수 있다고 생각한다. 앞으로 2주 이내 그렇게 하지 못하면 회로판 설계는 하청을 맡길 것이다.

그림 7.7 **평가(연구) 및 개선(조정) 확대**

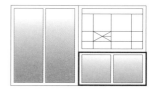

▶▶운영 OPPM/A3

다음 전략 전개 단계에서는 전략 실행 방법에 대해 포괄적으로 설명하고 각 과업의 세부적인 계획을 기술한다. 기업 OPPM/A3가 운영의 우수성을 향상하기 위한 전략을 제시했다면, 두 번째 단계에서는 그 전략이 엔지니어링, 회계, 마케팅, 관리 등의 영역에서 무엇을 의미하는지 정확하게 설명해야 한다.

이 책에서는 2단계 전략 계획을 기업 OPPM/A3와 구별하기 위해 '운영 OPPM/A3'라고 표현할 것이다. 기업 OPPM/A3는 한 개만 작성하는 반면, 운영 OPPM/A3는 명확함과 현황 파악을 위해 여러 개를 만들 수도 있다. 일반적으로 운영 OPPM/A3는 각각의 주요 프로젝트나 부서 내의 계획을 추진할 때 작성한다.

1단계 전략 계획을 수립하면서 경영진과 프로젝트 관리자가 캐치볼을 시작한다. 첫 번째 공(계획)을 던질 때 경영진은 목표와 목표를 도출한 이유를 명확하게 밝힌다. 그들은 프로젝트 관리자에게 회사가 추구하는 방향에 대한 확실한 비전을

심어 주어야 한다.

　그다음 프로젝트 관리자는 자신의 팀원들과 함께 그 계획을 검토한다. 이 과정에서는 그 계획을 진지하게, 특히 부서의 책무와 관련해 심사숙고하는 것이 중요하다. 이때도 프로젝트 관리자와 경영진이 공을 주고받는 과정은 계속된다. 이들은 예측되는 문제점에서 나아가 계획에 영향을 줄 수 있거나 주어야 하는 아이디어, 해당 부서의 계획, 기업 OPPM/A3를 지원하는 자원 등에 대해 논의한다.

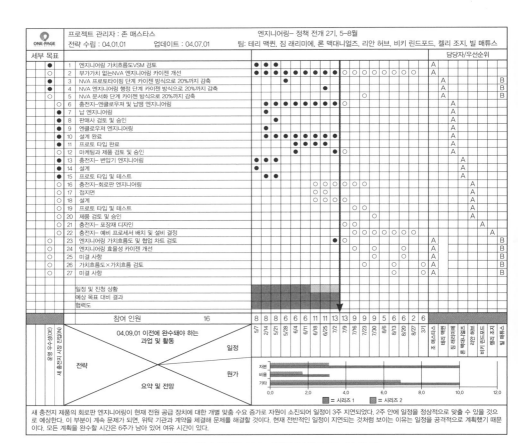

그림 7.8 엔지니어링 OPPM(해당 부서 OPPM의 예시)

캐치볼은 모든 당사자가 합의에 이를 때까지 지속된다. 2단계 전략 계획에서는 기업의 전략을 전적으로 지원하는 부서와 전략 추진에 필수적인 자원을 투입할 수 있는 부서의 관리자들의 합의를 끌어내는 일이 중요하다. 2단계 전략 계획이 포괄적인 기업 전략에서 구체적이고 실행 가능한 프로젝트와 과업으로 바뀌면서 운영 OPPM/A3의 구성은 기업 OPPM/A3와 달라진다. 〈그림 7.8〉이 〈그림 7.3〉의 기업 OPPM/A3에 언급된 엔지니어링 부서의 업무를 나타내는 OPPM이다.

보고서의 좌측 하단에는 기업 OPPM/A3의 동일한 자리에서 제시한 핵심 전략이 다시 기록되어 있다. 그리고 보고서 좌측 상단에 엔지니어링 부서의 업무와 계획이 더욱 상세하게 기재되어 있다. 운영 OPPM/A3에서는 각 실행 기간 동안 진행할 업무가 세부적으로 계획된다. 이 그림에서 실행 기간은 4개월이고 현재는 2기에 해당한다. 이렇게 3-4개월씩 계획을 세우면 초점을 한군데로 집중할 수 있다. 이 기간이 끝나면 3-4개월 계획을 또 작성한다. 기간이 짧아지면 세부 사항을 더 많이 고려하게 되고, 그러면 OPPM/A3의 각 전략을 담당하는 부서에 맞게 구체적인 계획을 수립할 수 있다는 점에 주목해야 한다.

보고서의 우측은 일정을 나타내고 성과와 책임 소재를 보여 준다. 이 예시의 하단을 보면 전반적인 비용과 현황, 향후 전망이 요약되어 있다. 현황에 대한 요약은 대부분 질적이고 주관적인 과업과 관련된 부분이다. 관리자는 최선을 다해 해당 부서의 전략적 업무의 현황을 평가해야 한다. 이렇게 작성한 OPPM은 계획과 프로젝트, 문제 해결 업무를 위해 A3와 통합한다. 〈그림 7.9〉를 통해 엔지니어링 부서에서 작성한 운영 OPPM/A3를 살펴보자.

해당 부서는 다양한 형태의 A3를 활용할 수 있다. '정밀 검사-계획-실행-평가-개선' 방식을 적용해도 되며, 구체적인 문제 해결 과정이 필요한 부서라면, '검토-가설-실험-검증-유지'의 형태를 활용해도 좋다.

정밀 검사

엔지니어링 부서의 전략은 주로 두 가지 영역에 초점을 맞춘다.

충전지 제품-현재 상황

정책 전개 1기에는 성공적으로 문제를 해결했다. 충전지 제품의 설계는 새로운 과업이지만, 우리 부서는 충분한 역량을 가지고 있다. 이 영역의 전문적인 기술을 지닌 팀원들이 있다. 충전지 제품을 기한 내 완수하는 데 어려움이 없을 것이라 확신한다.

프로세스와 효율성 향상-현재 상황 : 이전에도 이 부문의 향상을 이뤘으며 현재는 더 많은 향상을 이루고 있다. 프로세스를 감축하는 과거의 전략은 다소 쉽게 달성할 수 있었지만, 올해는 전략을 달성하기 위해 부서의 역량을 더 많이 끌어올려야 한다.

계획

OPPM 참조. 우리는 취할 단계와 순서를 심사숙고해서 결정했다. 과업과 일정을 계획대로 고수하는 것이 중요하다. 팀원 모두가 이 업무에 전념하기로 했다.

실행

OPPM이 일정과 진행 과정을 제시하고 있다. 이 시점에서 다른 내용은 필요없다.

평가

충전지 제품

04.07.01- 한 가지 예외가 있지만, 새 충전지 제품에 대한 모든 엔지니어링이 일정에 맞게 추진되고 있다. 상당한 진척을 보이고 있으며 모든 목표가 일정대로 이루어지고 있다. 현 시점에서 시뮬레이션으로 확인한 설계는 기대 이상이었다. 마케팅 부서는 이 결과에 대해 매우 만족스러워 한다. 단, 회로판 엔지니어링은 전원 공급 장치에 대한 개별 맞춤 수요의 증가로 자원이 소진되어 일정이 지연되고 있다.

프로세스와 효율성 향상- 이 부문에서 눈에 띄는 발전을 했고 우리 팀원들은 이런 발전을 통한 유익을 실감하면서 프로세스와 효율성을 향상시키는 데 더욱 전념하고 있다. 프로토 타입 팀은 프로세스와 폐기물 감축의 성과에 들떠 있다. 그들이 처음에는 이러한 변화를 심하게 반대했다는 사실에 주목할 필요가 있다.

개선 전	개선 후
프로토 타입 요청서 작성	A3 작성
프로토 타입 관리자의 승인을 얻기 위한 w/Drwgs 제출	팀 검토 및 동의
인을 얻으면 프로토 타입 프로그램 접속	회로판을 제외한 모든 부품의 3D 제작
관리자 승인	회로판을 제외한 신속한 플라스틱 모듈 제작
회로판을 제외한 모든 부품의 3D 제작	팀 검토 및 동의
회로판을 제외한 신속한 플라스틱 모듈 제작	연구소에 전달
팀 검토 및 동의	팀 검토 및 동의
연구소에 전달	
엔지니어링 검토	
제조 검토	
마케팅 검토	

우리는 두 가지 면에서 생각을 전환하여 이 일을 수행할 수 있었다. 첫째, 프로토 타입을 위한 특별한 A3를 작성했다. 팀원들은 A3로 작성한 프로토 타입 절차를 유지함으로 대부분의 승인 절차를 생략할 수 있다고 생각했다. 예외적으로 프로토 타입이 예산을 초과할 경우에만 관리자의 승인을 받으면 됐다. 둘째, 각 프로토 타입에 대한 팀의 생각을 전환했다. 과거에는 이 업무가 우리 엔지니어링 부서만의 일이었다. 지금 우리 팀은 마케팅, 구매, 회계 등 다양한 부서와 연계되어 있다. 우리는 논의 과정에서 각 부서의 상황을 확인하여 한 번의 회의를 통해 출하검수를 완료하고 있다.

그림 7.9 **엔지니어링 OPPM/A3**(해당 부서 OPPM/A3의 예시)

	프로젝트 관리자: 존 매스타스	엔지니어링- 정책 전개 2기, 5-8월
ONE PAGE	전략 수립: 2004년 1월 1일 업데이트: 2004년 7월 1일	팀: 테리 맥퀸, 짐 래리미에, 론 맥대니얼즈, 리안 허브, 비키 린드포드, 켈리 조지, 빌 매튜스

세부 목표

	#	세부 목표	담당자/우선순위
●	1	엔지니어링 가치흐름도 VSM 검토	A
○	2	부가가치 없는 NVA 엔지니어링 카이젠 개선	A
●	3	NVA 프로토 타이핑 단계 카이젠 방식으로 20%까지 감축	A B
●	4	NVA 엔지니어링 행정 단계 카이젠 방식으로 20%까지 감축	A B
○	5	NVA 문서화 단계 카이젠 방식으로 20%까지 감축	A B
○	6	충전지-엔클로우저 및 납땜 엔지니어링	A
●	7	납 엔지니어링	A
●	8	판매사 검토 및 승인	A
●	9	엔클로우저 엔지니어링	A
●	10	설계 완료	A
●	11	프로토 타입 완료	A
○	12	마케팅과 제품 검토 및 승인	A
●	13	충전지- 변압기 엔지니어링	A
●	14	설계	A
●	15	프로토 타입 및 테스트	A
○	16	충전지-회로판 엔지니어링	A
○	17	접지면	A
○	18	설계	A
○	19	프로토 타입 및 테스트	A
○	20	제품 검토 및 승인	A
○	21	충전지- 포장재 디자인	A
○	22	충전지- 예비 프로세서 배치 및 설비 결정	A
○	23	엔지니어링 가치흐름도 및 협업 차트 검토	A B
○	24	엔지니어링 효율성 카이젠 개선	A B
○	25	미결 사항	A B
○	26	가치흐름도×가치흐름 검토	A B
○	27	미결 사항	A B

	일정 및 진척 상황	
	예상 목표 대비 결과	
	협력도	

참여 인원	16

	5/7	2/14	5/21	5/28	6/4	6/11	6/18	6/25	7/2	7/9	7/16	7/23	7/30	8/6	8/13	8/20	8/27	3/1
인원	8	8	8	6	6	6	11	11	13	13	9	9	9	5	6	6	2	6

새 충전지 사장 진입(N) / 새 충전지 수익(OE)

04.09.01 이전에 완수돼야 하는 과업 및 활동 — 일정

전략

요약 및 전망 — 원가

담당자: 조 매스타스, 테리 맥퀸, 짐 래리미에, 론 맥대니얼즈, 리안 허브, 비키 린드포드, 켈리 조지, 빌 매튜스

	0.0	2.0	4.0	6.0	8.0	10.0	12.0
자본							
비용							
기타							

■ = 시리즈 1   ■ = 시리즈 2

새 충전지 제품의 회로판 엔지니어링이 현재 전원 공급 장치에 대한 개별 맞춤 수요 증가로 자원이 소진되어 일정이 3주 지연되었다. 2주 안에 일정을 정상적으로 맞출 수 있을 것으로 예상한다. 이 부분이 계속 문제가 되면, 위탁 기관과 계약을 체결해 문제를 해결할 것이다. 현재 전반적인 일정이 지연되는 것처럼 보이는 이유는 일정을 공격적으로 계획했기 때문이다. 모든 계획을 완수할 시간은 6주가 남아 있어 여유 시간이 있다.

개선- 대책

충전지 제품- 일정이 3주 지연됐다. 일정을 정상 궤도로 되돌리지 못하면 회로판 공급 업체에게 위탁할 것이다. 우리는 문제를 해결해 나갈 때까지 주간 업데이트로 진척 상황을 알릴 것이다.

그림 7.9 **(계속)**

▶▶ 팀 OPPM/A3

3단계 전략 전개는 최전선에 있는 팀이 작성하는 OPPM/A3이다. 경영진과 프로젝트 관리자 및 팀원이 운영 OPPM/A3에 모두 동의하면 이제 팀별로 각 과업에 해당하는 임무를 조직한다. 이때부터 각 팀은 3단계 전략 전개, 즉 팀 OPPM/A3를 작성하기 시작한다.

팀 OPPM/A3 좌측 하단에는 기업 OPPM/A3 좌측 하단에 기재된 전략적 목표를 그대로 기록한다. 이렇게 기업의 전략을 다시 기록함으로 팀은 기업의 전략 측면에서 자신의 역할이 무엇인지 명확하게 이해한다. 보고서 좌측 상단에는 팀의 과

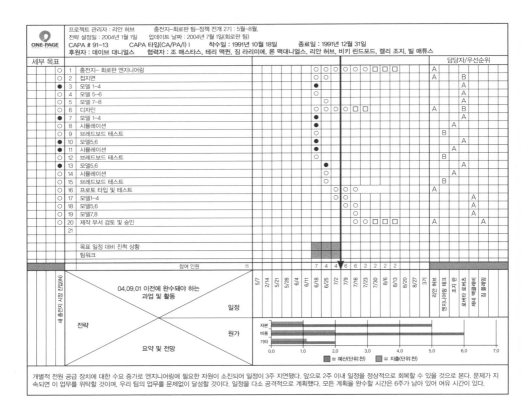

그림 7.10 **회로판 팀 OPPM**(팀 차원의 OPPM 예시)

업을 상세하게 적는다. 〈그림 7.10〉을 통해 회로판 팀의 OPPM 예시를 살펴보자.

보고서의 우측에는 과업의 담당자와 일정, 측정 가능한 목표 및 세부 목표에 대한 현황을 보여 주고 있다. 하단의 '요약 및 전망'에서는 진척 상황, 향후 방향, 언급할 필요가 있는 문제점들을 간략하게 기술했다. 이러한 팀 OPPM은 팀원과 팀장 간, 그리고 팀장과 프로젝트 관리자 간에 캐치볼을 하며 완성된다. 그리고 각 팀마다 OPPM을 결합한 A3를 자체적으로 작성한다. 〈그림 7.11〉을 살펴보자. OPPM과 A3가 통합된 보고서는 해당 팀원들에게 책무와 진척 상황을 명확하게 설명해 주고, 프로젝트 관리자에게 하는 보고를 쉽고 편리하게 한다.

앞서 제시한 예시에서는 평가와 개선 항목이 완성되지 않았다. 프로젝트가 아직 끝나지 않았기 때문이다. 여기에 해당하는 정보는 프로젝트가 완료되면 모두 기입된다.

정밀 검사

배경 설명 – 충전지는 회사의 신제품이다.

정밀 검사

현재 상황 – 우리 팀에서 충전지를 제작한 적은 없지만, 관련된 전문 기술을 가진 팀원이 3명 있다. 경쟁사에 버금가는 충전지 엔지니어링을 마련할 수 있다고 전적으로 확신한다. 우리는 철공진 방식과 함께 직접회로 방식을 추가할 것이다.

현재 이를 위한 장비와 소프트웨어를 모두 갖춰 놓은 상태다. 충전지 시장에 진입하기 위한 엔지니어링 비용은 최소화될 것이다. 단 테스트를 위한 추가 장비와 실험실이 필요하다.

계획

세부 목표, 과업, 최종 목표
엔지니어링 팀의 목표는 8개의 충전지 모델의 디자인, 프로토 타입, 테스트를 2004.07.23까지 완료하는 것이다. 디자인과 관련해서는 마케팅 부서와 협의한 요건을 모두 달성했다.

실행

엔지니어링
시뮬레이션을 거의 완료했으며, 현재 시점에서 회로판은 문제가 없다. 디자인에 대해서는 마케팅 부서와 제작 부서의 결제를 완료했고, 구매 부서는 우리 제품을 판매할 회사에 이미 사전 고지를 마쳤다.

회로판의 프로토 타입과 테스트가 지연되고 있다. 회로판 맞춤 제작에 따른 자사의 전원 공급 장치에 대한 개별 맞춤 수요가 급증하여 필요한 자원이 소진되었기 때문이다.

일정 상 여유 시간을 가지고 있다. 하지만 맞춤 제작 수요가 지속될 경우 회로판 관련 작업을 위탁할 필요가 있다. 이미 관련 회사와 접촉을 했으며, 해당 회사는 기꺼이 이 작업을 하겠다고 했다.

우리는 회로판 문제 해결의 마감 일자를 7월 16일로 정했다. 이 날짜까지 맞춤 제작 수요로 인한 문제를 해결하지 못하면 이 업무를 위탁할 것이다.

위탁으로 인한 원가는 7-8% 증가할 것으로 보인다. 이 점과 관련해 다른 부분의 비용 절감으로 위탁 비용을 상쇄하고, 예산 범위 내에서 프로젝트를 완수할 것이라고 확신한다.

평가

개선 – 평가 및 개선(추가):

그림 7.11 **회로판 팀 OPPM/A3**

	프로젝트 관리자 : 리안 허브	충전지-회로판 팀-정책 전개 2기 : 5월-8월.
ONE-PAGE	전략 설정일 : 2004년 1월 1일	업데이트 날짜 : 2004년 1월 1일(회로판 팀)
	CAPA # 91-13　　CAPA 타입(CA/PA/I) I	착수일 : 1991년 10월 18일　　종료일 : 1991년 12월 31일
	후원자 : 데이브 대니얼스	협력자 : 조 매스타스, 테리 맥퀸, 짐 라리미에, 론 맥대니얼스, 리안 허브, 비키 린드포드, 켈리 조지, 빌 매튜스

세부 목표 / **담당자/우선순위**

○	1	충전지- 회로판 엔지니어링
○	2	접지면
●	3	모델 1-4
○	4	모델 5-6
○	5	모델 7-8
○	6	디자인
●	7	모델 1-4
○	8	시뮬레이션
○	9	브레드보드 테스트
●	10	모델5,6
○	11	시뮬레이션
○	12	브레드보드 테스트
●	13	모델5,6
○	14	시뮬레이션
○	15	브레드보드 테스트
○	16	프로토 타입 및 테스트
○	17	모델1-4
○	18	모델5,6
○	19	모델7,8
○	20	제작 부서 검토 및 승인
	21	

목표 일정 대비 진척 상황
팀워크

참여 인원　11　　7　4　4　6　6　2　2　2　2

5/7　2/14　5/21　5/28　6/4　6/11　6/18　6/25　7/2　7/9　7/16　7/23　7/30　8/6　8/13　8/20　8/27　3/71

새 충전지 시장 진입(IN)

04.09.01 이전에 완수돼야 하는
과업 및 활동

일정

전략

원가

요약 및 전망

자본 / 비용 / 기타

0.0　1.0　2.0　3.0　4.0　5.0　6.0　7.0

■ = 예산(단위:천)　■ = 지출(단위:천)

담당자: 리안 허브, 엔지니어링 테크, 조지 린, 로버타 로버츠, 제작 회로팀, 짐 라리밍

개별적 전원 공급 장치에 대한 수요 증가로 엔지니어링에 필요한 자원이 소진되어 일정이 3주 지연됐다. 앞으로 2주 이내 일정을 정상적으로 회복할 수 있을 것으로 본다. 문제가 지속되면 이 업무를 위탁할 것이며, 우리 팀의 업무를 문제없이 달성할 것이다. 일정을 다소 공격적으로 계획했다. 모든 계획을 완수할 시간이 6주가 남아 있어 여유 시간이 있다.

그림 7.11 (계속)

캐치볼을 주고받으며 작성한 OPPM/A3는 완벽한 계획의 틀을 제공하여 전략과 전술, 과업과 목표에 대해 매우 간단명료하고 효율적인 방식으로 의사소통할 수 있게 해 준다. 이 과정을 통해 조직 전체 구성원으로부터 전략과 목표에 대한 동의를 이끌어낸다.

사실상 기업의 전 직원이 전략 전개 프로세스에 참여하는 셈이다. 이 일을 알맞게 수행하면 전 조직의 창조적인 에너지를 끌어내 한 곳에 집중시킬 수 있다. 그래서 고객을 만족시키고 기업을 성장시키는 가장 중차대한 요소에 모든 직원이 전념하게 된다.

이러한 작업이 너무 방대하다고 생각하는 사람도 있을 것이다. 하지만 조직 상부에서부터 전략을 밀어붙이는 기존 방식에 비하면 어렵지 않고 훨씬 효율적이다. 캐치볼을 하며 얼마의 시간과 노력을 들이기만 하면, 전 직원이 매우 효율적인 방식으로 계획을 세우는 데 능숙해지고 의욕적으로 업무를 신속하게 추진할 수 있다.

직원들이 이 과정을 이해하면 경영진이 할 일은 한 가지, 기업 OPPM/A3를 발행하는 것뿐이다. 그러면 전 부서와 팀은 적절한 방식으로 즉각 반응한다. 이러한 측면에서 전략 전개는 풀pull 전략으로 수립된다고 할 수 있다. 푸시push 전략인 지시 전략은 더 이상 필요하지 않다. 푸시 전략은 비효율적이고 효과가 없기 때문에 도중에 실패할 가능성이 높다.

OPPM/A3가 제대로 작동되기 시작하면 실행은 자연스럽게 이루어진다. 그리고 진척 상황을 수시로 검토하기 때문에 실행 기간 전반에 걸쳐 또 다른 핵심 전략 전개가 도출된다.

진적 상황을 검토할 때마다 다음과 같은 질문이 제기된다. '일정대로 진행되는가? 목표를 달성하고 있는가?' 또한, 일정과 계획을 벗어나는 상황이 눈에 잘 띄기 때문에 다음 질문이 이어진다. '어떤 요소가 제대로 작동되지 않는가? 계획을 어떻게 개선할 수 있는가? 이 과정에서 배울 점을 무엇인가? 추가로 필요한 자원은 무엇인가? 팀이 계획을 달성할 수 있도록 경영진이 어떻게 도울 수 있는가?'

그리고 이 질문을 비롯한 다양한 문제에 대한 답변을 OPPM/A3로 확인한다. 다시 한번 강조하면, OPPM/A3는 검토, 현황 파악, 완료된 과업에 대한 의사소통 측면에서 대단히 중요한 역할을 하는 도구이다. 게다가 검토 후 업데이트까지 자연스럽게 이어진다.

검토 후 업데이트된 팀 OPPM/A3는 운영 OPPM/A3에, 그 후 업데이트된 운영 OPPM/A3는 기업 OPPM/A3에 반영되어 최종적으로 통합된다. 이런 방식으로 회사 전 직원은 전략 실행에 대한 최신 정보를 확인한다. 어떤 문제가 발생하면 전략의 초기 단계와 최종 단계의 책임자들이 의사소통하기 때문에 양측 모두가 책임감을 갖고 전략적 목표를 달성하기 위한 필요한 자원과 계획을 조정하고 해법을 찾으려고 노력한다.

여기에는 프로젝트 참여자의 실패하지 않으려는 불패 정신이 필요하다. 직원들에게 이런 정신을 심어 주려면, 경영진은 푸시 스타일은 버리고 서번트 리더십 servant leadership (인간존중을 기본으로 자신보다 구성원들의 이익을 우선시하는 리더십)으로 직원을 섬기는 자세를 가져야 한다. 경영진의 변화를 느끼는 직원들은 협력하는 태도를 가지고 기업의 목표를 지지하며 적극적으로 도울 것이다. 계획된 기간이 종료되면 실행 내용을 검토하면서 최대한 배울 점을 찾고 향후 더 발전적인 계획을 세울 방법을 모색해야 한다.

이 책에서 전략 전개의 3단계를 논의하면서 '기업, 운영, 팀'이라는 표현을 사용했다. 토마스 잭슨은 자신의 저서 《린 기업을 위한 호신 캔리Hoshin Kanri for the Lean Enterprise》에서 이 3단계를 호신 팀, 운영 팀, 활동 팀으로 기술한다. 그리고 다른 저서 《린 경영 실행Implementing a Lean Management System》에서는 집중 팀, 전개 팀, 활동 팀이라는 표현을 썼다. 이런 용어들은 각 전략 전개 단계의 의미와 활용을 더 쉽게 이해하게 돕는다.

전략 전개 프로세스는 PDCA 사이클에 따라 진행된다. 먼저 전략을 계획하고 그다음 실행한다. 전략을 실행하는 동안과 실행이 종료된 후 결과를 연구한다. 그 이후 필요한 조정을 하고 다시 계획한다. 이때 후속 PDCA 사이클이 시작한다. 앞선 사이클이 다음 사이클의 토대를 놓는 것이다. 심지어 하나의 사이클이 아직 끝나기도 전에 과업과 프로젝트를 비롯한 다른 요소를 조정하는 하위 사이클이 작동하기도 한다. PDCA 사이클이 분명하게 드러나지 않는다면, 전략 전개가 제대로 진행되지 않는다는 뜻이며, 프로젝트의 열기가 식어 결국은 실패할 가능성이 커진다고 봐야 한다.

▶▶ OPPM/A3 보고서만의 차별성

OPPM과 A3는 살아 움직이는 보고서이다. 이 보고서들은 시간이 흐르면서 발전하고 강력해진다. 전략의 관리 및 보고, 학습, 진정한 개선, 실행을 가능하게 만들기 때문에 다른 일반 보고서와는 비교할 수 없는 강점이 있다.

이 시점에서 도요타 방식을 잠깐 언급해 보자. 더 상세한 내용을 알고 싶으면 부록과 홈페이지(www.toyotar.com./eng/toyotaway.asp)를 참조하자.

1. **지속적인 개선** : 현재 위치에 결코 만족하지 않고 최상의 아이디어와 노력을 끌어내며 끊임없이 발전을 거듭한다.

   OPPM/A3는 개선 방향을 제시하고 향후 개선을 위한 토대를 놓는다. 프로젝트의 모든 참가자가 문제를 명확하게 인식하여 성공적으로 해결하고 진정한 개선을 이루도록 돕는 도구이다.

1) 도전: 장기 비전을 세우고 꿈을 실현하기 위해 용기와 창의력으로 어려움을 돌파한다.

　　OPPM/A3는 리더가 비전을 전달하고 당면 문제와 전략을 명확하게 규정하는 데 도움이 되며, 조직 전체에서 창조성을 끌어낸다.

2) 카이젠: 기업 경영을 지속적으로 개선하며 끊임없이 혁신과 발전을 추구한다.

　　OPPM/A3는 모든 카이젠 과정을 보고하는 표준 형식이며, 이 형식 자체가 혁신과 진정한 개선을 가능하게 만든다.

3) 겐치 겐부쓰Genchi Genbutsu: 작업 현장에 어떤 문제가 있다면, 올바른 결정을 내려 합의를 도출하고 목표를 달성하기 위해 문제가 있는 현장으로 직접 간다.

　　OPPM/A3의 간단명료함 덕분에 이 도구를 사용하는 사람은 문제 및 개선과 관련된 점에만 계속 집중할 수 있다. 또한, 이 보고서는 단 한 장으로 되어 있기 때문에 문제의 자세한 내막을 확실하게 파악하기 위해 현장으로 갈 때 가져가기에 적합하다. 이와 동시에 보고 내용을 장황하게 늘어놓지 않아서 주의를 집중시키며, 문제 및 개선의 포인트를 정확하게 집어내는 훌륭한 의사소통 도구이다.

2. 사람 존중: 도요타는 직원과 이해관계자, 즉 기업의 공동체를 존중한다.

　　앞서 설명했듯이 직원 개개인을 존중하는 최고의 방법은 발전과 배움의 기회를 제공하는 것이다. OPPM/A3를 활용하면 직원은 문제를 해결하는 방법과 계획을 세우고 효과적으로 실행하는 방법을 배운다. 이 두 가지는 인생에서 가장 필요한 기술이다. 이러한 기술은 살아가면서 자신의 역량을 향상시킬 기회와 가능성을 한껏 높여 준다.

1) 존중: 서로 이해하고 책임을 지고, 상호 신뢰를 위해 최선을 다하며 직원을
   존중한다.

2) 팀워크: 개별적 전문성을 강화하도록 고무하고 발전 기회를 공유하며 개인
   과 팀의 성과를 최대한 이끌어낸다.

OPPM/A3는 팀 전체의 노력으로 작성되는 보고서이다. 한 팀에 속한 프로젝트
참가자는 다른 팀원과 협력하는 방법, 다른 의견을 경청하는 방법, 창조적 과정에
참여하는 방법, 팀 업무를 책임지는 방법 등을 배운다.

모든 OPPM/A3에는 아주 유익한 특징이 들어있는데, 바로 과학적 방법과 데밍
의 PDCA 사이클이다. 이 특징들은 진정한 개선뿐만 아니라 지속적인 개선까지 보
장해 준다.

OPPM/A3의 핵심 강점

• 간결한 보고서를 작성하도록 돕는다.

• 사용자의 사고력, 특히 문제 해결 능력을 향상시킨다.

• 근본 원인을 분석하게 한다.

• 문제 해결 및 지속적인 개선에 팀원을 참여시킨다.

• 해결된 문제가 재발할 가능성을 급격히 줄인다.

• 협업을 촉진하고 객관성을 확보한다.

• 복잡한 데이터와 중요한 정보에 집중할 수 있게 한다.

• 능숙한 문제 해결사가 되는 방법을 알려 준다.

단 한 장으로 이루는 최고의 효율과 성과

08

문제 해결을 위한
OPPM/A3 활용

PDCA의 핵심은 간단한 용어로 표현된 과학적 방법과 반복에 있다. 문제를 어떻게 해결할지 가르쳐 주는 과학적 방법과 사이클의 반복이 '지속적인 개선'을 유도하는 핵심 요소이다. 결국, PDCA가 지속적인 개선을 가져오는 방법론인 것이다.

PDCA는 두 가지 측면에서 직원을 존중하는 특징을 가졌다. 첫째, 이미 언급했듯이 문제를 해결하는 주체가 직원이다. 문제 해결력은 창의력을 바탕으로 하는데, 이 창의력은 오늘날 급변하는 세상에서 생존을 보장해 주는 유리한 결정적 자산이다. PDCA는 간단하면서도 해법을 찾는 탁월한 방법을 제시하기 때문에 직원의 문제 해결력을 키우는 데 매우 강력한 역할을 한다. 이러한 특징은 직원의 창의력을 극적으로 향상시킨다.

둘째, 과학적 방법은 실험을 한다는 말이다. 실험에는 실패가 따라오게 마련이다. 사실 우리는 실험을 하면서 성공에 이르기까지 여러 차례 실패를 경험하게 된다. 그런데도 사람들은 실패를 몹시 두려워하는 경향이 있다. 하지만 우리의 삶을 자세히 들여다보면 실패를 통해 많은 것을 배운다는 사실을 알게 된다. 그러니 실패를 너무 두려워하다 보면 다양한 것을 배우면서 창의력을 발휘하는 데 문제가 생긴다. 흥미로운 사실은 성인에 비해 어린 아이들은 실패를 두려워하지 않기 때문에 새로운 것을 배우는 일에 열정적이며, 번뜩이는 아이디어를 쏟아 놓기도 한다는 점이다. 안타깝지만 이런 어린 아이가 성인으로 성장하면서 학교, 사회, 직장에서 실패에 대한 두려움을 배우게 된다. 하지만 오늘날 급변하는 세상에서 실패에 대한 경험은 반드시 필요하다. 성공을 하려면 뛰어난 학습 능력이 필요한데 이 학습 능력은 대부분 실패를 통해 길러지기 때문이다. 해결책은 실험에 있다. 실험을 한다는 것은 실패를 받아들인다는 의미가 내포되어 있다. 실험을 하면 창의력과 학습 능력이 끝없이 펼쳐진다.

이렇게 PDCA를 들여다보면 개개인의 창의력을 키워 주고 가장 좋은 학습 방법인 실패를 경험하게 하는 원리가 들어있다. 이러한 원리와 함께 문제 해결에 뛰어난 과학적 방법이 '사람 존중'과 '지속적인 개선'이라는 두 가지 강력한 결과를 만들어낸다.

💬 과학적 방법과 OPPM/A3

과학적 방법은 문제 해결의 틀을 제공한다. 과학적 방법의 구성 요소는 다음과 같다.

관찰 : 문제를 관찰하라. 충분한 자료를 수집하고 평가해서 무엇이 문제인지 이해하고 규정해야 한다.

가설 : 자료 조사와 브레인스토밍을 통해 문제가 되는 자료에 대한 가설을 세워야 한다. 예를 들어, 매출 채권의 리드 타임lead time이 문제가 된다고 판단

되면, 자료를 조사한 후 매출 채권을 다루는 소프트웨어가 너무 번거롭고 복잡하기 때문이라는 가설을 내놓아야 한다.

예측 : 문제를 해결할 수 있는 상황을 예측해 본다. 소프트웨어 인터페이스와 매출 채권 소프트웨어 기능을 향상시키면 현재 25일의 리드 타임을 5일 이하로 단축할 수 있다.

실험 : 가설에 대한 실험을 설계하고 예측을 증명한다. 예를 들어, 소프트웨어 일부를 정정하여 결과를 내보고 데이터를 수집하는 것이다. 물론 소프트웨어를 정정하려면 비용이 많이 들고, 더욱이 원하는 결과가 나오지 않을 때는 괜한 예산만 버린 꼴이 된다. 하지만 소프트웨어를 정정하면서 결과를 수집해봐야 실험이 정상 궤도로 진행되는지 파악하게 된다. 또한, 종이에 일련의 화면을 만들고 거기에 유저 프로세스의 채무 계정을 설계해 보자. 종이 상에서 소프트웨어를 정정해 보면서 시간이 얼마나 단축되는지 실험할 수 있다. 진짜 변화를 주지 않아도 가설을 통해 얼마든지 실험하고 테스트해볼 수 있다. 실험 결과가 예상대로 나온다면, 일부 또는 전면적인 변화를 실제로 시행해 결과를 확증한다.

관찰, 가설, 예측, 실험을 위한 실용적인 조언은 다음과 같다.

① 문제를 규정하라.
② 데이터를 수집하라.
③ 가설을 세워라.
④ 실험을 통해 가설을 테스트하고 실험 결과를 수집하라.
   실험은 반복해야 하고, 반복되는 실험은 첫 실험과 완전히 동일한 조건에서

수행해야 한다. 그래야 유의미한 결과를 얻을 수 있다.

⑤ 데이터를 연구하라.

⑥ 결론을 도출하고, 필요하면 새로운 가설을 세워라.

⑦ 결과를 발표하라. 결과가 변화를 요구하면 변화를 실행하라. 결과 발표는 배운 점을 나타내는 수단이다.

A3는 목적과 사용자에 따라 핵심 요소가 다양하게 전개되지만, 훌륭한 A3가 지닌 과학적 방법의 근간은 변함이 없다.

💬 OPPM/A3와 식스 시그마

식스 시그마Six sigma 프로젝트에 OPPM/A3를 활용하는 사례를 간단하게 살펴보자. 문제 해결 영역에서 식스 시그마는 탁월하고 절대적인 도구이다. 문제 해결에 사용하는 우수한 도구들이 많이 있기 때문에 모든 문제에 반드시 식스 시그마를 적용해야 하는 것은 아니다. 하지만 프로세스나 시스템에서 변동성이 매우 큰 경우에는 식스 시그마가 최상의 도구가 된다.

식스 시그마 프로젝트에 OPPM/A3를 매우 적절하게 활용할 수 있다. OPPM/A3는 문제 해결을 위해 설계됐고, 식스 시그마도 문제를 해결하는 과정이기 때문이다. 식스 시그마의 접근 방법은 흔히 DMAIC로 규정되는데, 이는 '정의Define-측정Measure-분석Analyze-개선Improve-관리Control'이다. 이때 OPPM의 기본 틀은 다음과 같다.

- 배경 상황과 과거 기록, 주제
- 현재 상황
- 과업, 세부 목표, 최종 목표
- 분석
- 대책 및 제시된 방법
- 계획 실행
- 평가 및 개선

OPPM과 식스 시그마는 대단히 유사하다. 우리 회사에서 사용한 간단한 STEPS 모형이 DMAIC와 완전히 일치한다. STEPS는 '관찰See-생각Think-실험Experiment-증명Prove-지속Sustain'을 나타낸다. 하지만 DMAIC 용어의 구체적인 의미가 STEPS와 다르다고 주장하는 사람도 있을 것이다. 어느 정도 맞는 말이다. 이런 문제 때문에 혼란스럽다면, A3의 주요 영역에서 그냥 DMAIC의 용어를 사용하면 된다. 이렇게 작성된 A3는 다음 기능들을 수행한다.

- 식스 시그마 프로젝트를 작동시킨다.
- 프로젝트가 정상적으로 진행되도록 돕는다.
- 이해관계자 모두가 프로젝트의 방향과 진척 상황에 대해 충분히 이해하고 원활하게 의사소통할 수 있다.
- 프로젝트의 완료와 성공을 이끈다.

개요 및 주요 목표
– 고무 큐어링을 위한 오븐 작동 시간을 50% 줄여 거밍 프로세스 최적화하기

•관찰하기(SEE) 단계 : 프로젝트의 배경
– '거밍'은 엠블럼의 윤을 내지 않는 표면이나 바탕을 고무 물질로 바르는 프로세스이다. 윤을 내지 않는 표면이 광택 프로세스에서 가열되거나 윤이 나는 것을 막기 위함이다. 광택 프로세스 전에는 오븐 속에서 고무가 큐어링되어 있어야 하며, 최종 버프 연마 이후 제거해야 한다. 이 프로세스에서는 부가가치가 창출되지 않는다.

•관찰하기(SEE) 단계 : 현재 조건
– 최적의 큐어링을 위해 200℃/8분으로 오븐이 설정되었다.

•생각하기(THINK) 단계: 목표
– 오븐 작동 시간을 최소 4분으로 줄여야 한다.(50% 감소)

•생각하기(THINK) 단계: 대책
– 오븐 작동 시간을 줄일 수 있는 시간 및 온도의 최적화된 조합을 찾아야 한다. 개선을 위한 도구로 '식스 시그마(Six Sigma)'를 활용하라.

•실험하기(EXPERIMENT) 단계: 진척 상황
– 고무가 큐어링됐는지 어떻게 측정할 것인가? 즉, 큐어링 여부를 어떻게 판단할 것인지 기준을 정해야 했다. 고무는 수분을 포함한 혼합 물질이기 때문에 수분 손실(%)에 대한 측정이 적절한 판단 기준이 될 것이다. 우리는 수분 손실(%)이 증가했다는 것을 증명하기 위해 경도 실험을 했다. 실험 결과, 고무의 경도 및 강도가 높아졌다. 수분 손실과 경도는 정비례 관계에 있다는 사실에 유의하자.

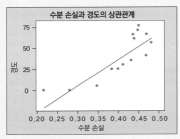

수분 손실과 경도의 상관관계

수분 손실(%)의 계산 과정
1. 엠블럼의 건조 중량 확인
2. 고무 도포 후 엠블럼 중량 재기
3. 1과 2의 중량 차이 확인(고무 중량1)
4. 오븐으로 큐어링을 한 엠블럼 중량 재기
5. 4의 중량에서 엠블럼 건조 중량을 빼기(고무 중량2)
6. 고무 중량2를 고무 중량1로 나누기(%)

엠블럼 중량		고무 중량1
고무 도포 후	건조	(차이)
0.340	0.300	0.040

엠블럼 중량		고무 중량2
큐어링 후	건조	(차이)
0.325	0.300	0.025

고무 중량2÷고무 중량1	
수분 손실(%)=	62.5%

그림 8.1 **식스 시그마를 활용한 OPPM/A3 좌측**

경도는 듀로미터로 측정했다.
우리는 오븐 온도의 범위를 정하고 싶어서 먼저 400℃, 375℃, 350℃, 275℃, 260℃, 250℃를 설정하고 시작했다. 실험 결과, 이 온도들은 너무 높았다. 고무에 기포가 발생하고 표피가 벗겨졌다. 오븐 내에서 온도가 10℃ 가까이 오르내리기 때문에 최고 온도로 230℃를 결정했다. 240℃로 정하면 250℃까지 높아질 수 있어 우리가 정한 한계를 벗어난다. 최저 온도로는 130℃로 설정해 우리가 실험을 할 수 있는 온도는 130~240℃였다.
'스크리닝' 실험은 프로세스에서 큰 변화가 없음을 보여 주었다. 우리는 거밍 프로세스에 영향을 주는 모든 요인을 실험했고 시간과 온도, 엠블럼이 중요한 요인이라고 판단했다.

요인	유형	단계	측정 기준
온도	고정	2	130℃, 230℃
시간	고정	2	2분, 8분
고무	고정	2	신제품, 구제품
엠블럼	고정	2	깊은 문양, 얕은 문양

엠블럼은 우리가 통제할 수 있는 요인이 아니었다. 그래서 시간과 온도를 바탕으로 프로세스를 최적화하기로 했다.

요인	유형	단계	측정 기준
시간	고정	3	3, 4, 5
온도	고정	3	200, 220, 240
엠블럼2	고정	3	1, 2, 3(깊이 수준)

•실험하기(EXPERIMENT) 단계: 검토
235℃와 4분이 최적임을 발견했다.
최상의 조건: 240℃, 3~4분
최악의 조건: 200℃, 3분
최상의 결과물이 나올 조건: 235℃, 4분
최악의 결과물이 나올 조건: 200℃, 3분
중간값의 결과물이 나올 조건: 220℃, 3분 30초
시그마 식스 테스트를 완료했다.

•검증하기(PROVE) 단계: 성공적인 대책
고무 큐어링을 위한 오븐의 설정을 235℃와 4분으로 바꿨다. 이렇게 설정한 이후 '엔젤스 앤 매직'에 기포가 발생하는 문제가 생겼다. 테스트를 더 실시해보니 오븐 내 온도의 변동이 대단히 컸다. 30~40℃가 오르내리기도 했다. 이유는 오븐마다 설계가 조금씩 다르기 때문이었다. 그리고 오븐의 설계 자체가 지속적인 온도를 유지해 주지 못했다.

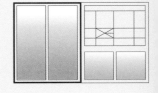

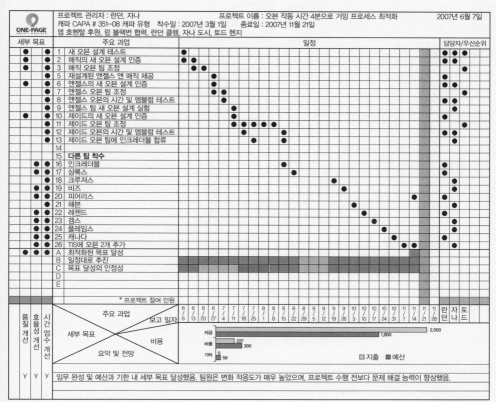

ONE-PAGE PROJECT MANAGER

프로젝트 관리자 : 란던, 자나	프로젝트 이름 : 오븐 작동 시간 4분으로 거밍 프로세스 최적화	2007년 6월 7일
캐파 CAPA # 351-08 캐파 유형 착수일 : 2007년 3월 1일 종료일 : 2007년 11월 21일		
뎁 호헨탈 후원, 럽 블랙번 협력, 란던 클렘, 자나 도시, 토드 헨지		

세부 목표				주요 과업	일정	담당자/우선순위
●		●	1	새 오븐 설계 테스트		● ● ● ●
●		●	2	매직의 새 오븐 설계 인증		● ● ●
●		●	3	매직 오븐 팀 조정		● ● ●
		●	5	재설계된 앤젤스 앤 매직 제공		●
		●	6	앤젤스의 새 오븐 설계 인증		
		●	7	앤젤스 오븐 팀 조정		
		●	8	앤젤스 오븐의 시간 및 엠블럼 테스트		
		●	9	앤젤스 팀 새 오븐 설계 실험		
●		●	10	제이드의 새 오븐 설계 인증		
		●	11	제이드 오븐 팀 조정		●
		●	12	제이드 오븐의 시간 및 엠블럼 테스트		
		●	13	제이드 오븐 팀에 인크레더블 합류		
			14			
			15	**다른 팀 착수**		
●	●	●	16	인크레더블		
		●	17	샴록스		
		●	18	크루저스		
●		●	19	비즈		
●		●	20	피어리스		
●		●	21	해븐		
●		●	22	레전드		
●		●	23	겜스		
●		●	24	플레임스		
●		●	25	캐나다		
●		●	26	TIS에 오븐 2개 추가		
●	●	●	A	최적화된 목표 달성		
			B	일정대로 추진		
			C	목표 달성의 안정성		
			D			
			E			

* 프로젝트 참여 인원

품질개선	효율성개선	시간엄수개선		주요 과업		보고 일자																									란던	자나	토드

요약 및 전망 / 세부 목표 / 비용 / 요약 및 전망

| 보고 일자 | 6/6 | 6/13 | 6/20 | 6/27 | 7/4 | 7/11 | 7/18 | 7/25 | 8/1 | 8/8 | 8/15 | 8/22 | 8/29 | 9/5 | 9/12 | 9/19 | 9/26 | 10/3 | 10/10 | 10/17 | 10/24 | 10/31 | 11/7 | 11/14 | 11/21 | 11/28 |

자금 ▬ 2,500 / 1,800
비용 ▬ 300 / 227
기타 ▬ 59 / 0

□ 지출 ■ 예산

y y y | 임무 완성 및 예산과 기한 내 세부 목표 달성했음. 팀원은 변화 적응도가 매우 높았으며, 프로젝트 수행 전보다 문제 해결 능력이 향상됐음.

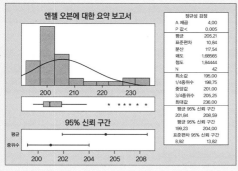

엔젤 오븐에 대한 요약 보고서

정규성 검정
A 제곱 4.00
P 값< 0.005
평균 205.21
표준편차 10.84
분산 117.54
왜도 1.68565
첨도 1.84444
N 42
최소값 195.00
1/4중위수 198.75
중앙값 201.00
3/4중위수 205.25
최대값 236.00
평균 95% 신뢰 구간
201.84 208.59
평균 95% 신뢰 구간
199.23 204.00
표준편차 95% 신뢰 구간
8.92 13.82

95% 신뢰 구간

•**관찰하기(SEE) 단계:** 현재 오븐의 조건
- 측면에 있는 팬을 통해 외부 공기가 안으로 유입되어 가열 코일에 직접 닿았다. 열기가 상승해 상부에 있는 3개의 관을 통해 외부로 빠져나간다.

•**생각하기(THINK) 단계:** 토드 헨지와 논의
- 상부에 있는 관을 차단하여 외부 공기의 유입을 막고 내부 팬을 작동해야 한다는 점에 의견을 모았다.

그림 8.2 **식스 시그마를 활용한 OPPM/A3 우측**

내부 팬이 가열 코일에서 발생하는 열기를 순환시켜 오븐 내부의 온도를 일정하게 유지한다.

•**실험하기(EXPERIMENT) 단계**
- 오븐 내부의 온도를 테스트한 결과 온도가 일관성 있게 유지됐다. 평균 5~8℃의 변화를 보였다.

•**검증하기(PROVE): 대책**
- 앤젤스 팀과 매직 팀에서 3주 간 새로운 설계를 테스트했다. 문제점이 발견되지 않았다. 두 팀 모두 고무의 큐어링이 일관성을 유지한다고 평가했다.

•**지속하기(SUSTAIN) 단계:** 최적의 방법~ 점검~ 정착
- 모든 엠블럼 팀이 새로 설계된 오븐을 사용했다. 별도의 훈련은 필요하지 않았다. 세부 목표들을 달성했고 지속시켰다.

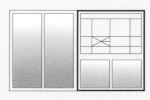

관찰- 배경 상황 및 현재 상황: 현재 선물 포장의 발송 절차 및 순서로 인해 많은 비효율이 발생하고 있다.

효율성 문제는 (1) 선물 포장을 담당하는 팀원과 주문을 담당하는 팀원이 다르기 때문에 혼동이 발생하며 (2) 선물 포장 과정이 혼란을 유발하는 추가 절차를 수반하고, 선물을 포장하는 공간 배열 역시 제대로 정렬되어 있지 않다.

관찰-세부 목적 및 최종 목표
 1. 현 선물 포장 절차의 비효율성 제거
 2. 선물 포장 프로세서를 머천다이저 팀 근처로 옮기거나 병합하는 옵션 연구

생각-분석
선물 포장을 팀 업무로 병합하거나 부서 근처로 옮기는 방법과 이동식 선물 포장대 설치안에 대한 장단점을 논의했다.

즉각 처리식 선물 포장의 장점
 1. 상이 직접 수송되거나 집결된다.
 2. 중복 수송이 감소한다.
 3. 이중 작업이 사라진다.
 4. 선물 포장 공간을 줄일 수 있다.
 5. 크로스 트레이닝을 통한 업무 유연성을 확보한다.
 6. 우선순위를 파악하고 그에 따라 대처할 수 있다.
 7. 1층을 이용할 수 있다.
 8. 품질을 향상시킨다.

즉각 처리식 선물 포장의 단점
 1.팀원이 별도의 시간을 써야 하고 팀 업무 성과가 줄어들 수 있다.
 2. 팀 자체에서 물품 일람표를 관리하고 물품을 보유하고 있어야 한다.
 3. 부서의 공간이 더 많이 필요하다.
 4. 업무에 대한 학습도가 일정하지 않다.
 5. 훈련을 해야 할 직원이 더 많이 생긴다.
 6. 집결 절차가 여전히 필요하다.

계획 및 대책- 우측 OPPM 참조
부서 근처에 선물 포장대 설치의 장점
 1. 1층을 이용할 수 있다.
 2. 빠른 작업이 가능하다.
 3. 관찰하기 쉽다.
 4. 작업 라인이 감소한다.
 5. 집결 절차가 수월하다.

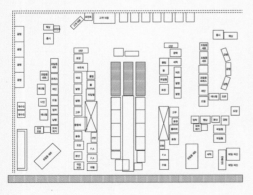

그림 8.3 선물 포장 프로젝트의 OPPM/A3 좌측

이동식 선물 포장대의 장점
 1. 신속하게 팀으로 배치된다.
 2. 이동가능하다.
 3. 선물 포장대에 물품을 보관할 수 있다.
 4. 상이 직접 수송되거나 집결된다.
 5. 즉각 처리식 선물 포장의 장점을 모두 가지고 있다.
브라이언이 ACD 2층의 북측에 있는 엠블럼 부서 안에 자리를 만들어 작업대를 배치했다.

부서 근처에 선물 포장대 설치의 단점
 1. 전용 설치가 필요하다.
 2. 병목 현상이 발생할 수 있다.
 3. 공간을 차지하며 물품 보관 자리가 필요하다.
 4. 정보가 제대로 전달되지 않을 가능성이 크다.
 5. 품질 보장을 확보하지 못한다.

이동식 선물 포장대의 단점
 1. 선물 포장대의 개수가 충분하지 않을 수 있다.
 2. 통행에 방해가 될 수 있다.
 3. 부서 안으로 이동시키기에 너무 크다.

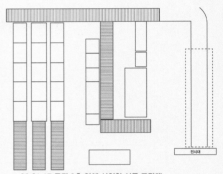

09.01.17 동관 2층 앞에 설치한 선물 포장대

생각-대책
우리는 선물 포장 벤치 디자인과 필요한 모든 물품에 대해 논의했다.
1. 선물 포장지-7사이즈
2. 비닐 가방-6사이즈
3. 리본
4. 가위 및 테이프 등
알레이다는 선물용으로 포장한 52인치 상자 수를 조사했다. 2주 안에 단지 10개만 포장되었다. 브라이언은 자넷 빌즈에 있는 새로운 공간에 설치할 선물 포장 벤치를 설계했다.
스콧 플린더스가 브라이언의 디자인에 대한 견적을 냈다. 새로운 벤치는 대형 사이즈의 선물 포장을 위해 가로 72인치, 세로 42인치의 크기에, 52인치 받침대가 있었다.

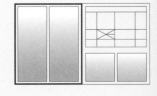

	주요 과업		프로세스	일정												담당자												
○	○	1	개선책에 대한 브레인스토밍	●	●	●										○	○	○	○	○								
○	○	2	배치 측정		●	●										○	○											
○	○	3	배치 장소 회의			●	○	○	○	○	○	●				○												
○	○	4	최상의 옵션 제시				○	○	○							○	○	○	○	○								
○	○	5	견적							○	○	●				○	○						○					
○	○	6	프로토 타입 제작							○	○	○				○	○						○					
○	○	7	프로토 타입 테스트								○	○				○	○	○	○	○								
		8																										
		9																										
		10																										
		11																										
		12																										
		13																										
			데이터 및 매트릭스																									
		1																										
		2																										
		3																										

주요 과업 / 목표 일자 / 목표 / 요약 및 전망

참여 인원

선물 포장지 설치, 물품 정리

물품 정리

실험-진척 상황(09.03.13)

현재 머천다이저 팀에서 사용할 프로토 타입 벤치 제작까지 진행되었다. 지금은 작동기가 없는 상태이지만 향후 1개가 부착될 수 있다(이미 준비되어 있다). 선물 포장대가 이동식이라 쉽게 이동할 수 있다. 제작 완료일은 09.01.18일로 추정된다. 테스트를 통해 모든 팀원이 이 포장대를 쉽게 다루는지 확인할 것이다.

세 가지의 견적이 나온다.
1. 작동기가 없을 때, 750달러
2. 작동기가 1개 있을 때, 1200달러.
   2개 있을 때만큼 안정적이지 않다.
3. 작동기가 2개 있을 때, 1700달러.
   무게를 더해 상하 움직임을 안정적으로 만든다.
4. 150달러의 추가 비용을 들이면 물품 공간을 확보할 자리를 만들 수 있다.
5. 짐은 가위 대신 절단기 비치를 위한 비용을 조사할 것이다.

그림 8.4 **선물 포장 프로젝트의 OPPM/A3 우측**

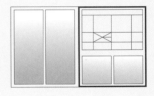

관찰- 배경 상황 및 현재 상황:
불완전 포장은 최대 반품 사유가 된다.

관찰 – 현재 상황
1. 상품의 모든 구성 요소를 한군데 담을 때 현재 프로세스로는 에러가 발생한다.
2. 팀원이 고객 시상품의 모든 구성요소가 제대로 담겨 있는지 확인하지 않는다.
3. 팀 내 최종 절차에 대한 프로세스가 표준화되지 않았다.
4. 최초 구성품에 추가 품목을 삽입할 수 없다.

생각 – 세부 목표 및 최종 목표
불완전 포장 50% 감소

생각- 분석
1. 시상품과 함께 포장되지 않은 엘피참스LP/Charms 엠블럼에 초점을 맞춘다(사라진 엠블럼의 반송 코드를 새로 생성했다).
2. 불완전 포장이 발생한 지점 및 프로세스를 파악한다(다이앤 팀의 가치흐름도가 간단히 제작되었다.).
3. 원인을 규명하기 위해 브레인스토밍을 한다(전달, 고객의 부주의, 훈련 상태 등을 주로 추정해 보았다.).
4. 해법을 테스트하기 위해 브레인스토밍을 한다(12월에 협력자와 팀원에게 시간을 주어 각 팀별로 작업을 해 보게 했다.).
5. 최종 구성품 전체의 프로세스를 표준화하기 위한 문서를 작성한다.
6. 수정된 계획에 맞게 팀원을 훈련한다.
7. 계획한 방법을 검증하기 위해 프로세스의 데이터를 수집한다.

우려가 되는 영역이 4군데 있다. 최종 구성품, 작업 및 통합, 전달 과정, 고객 부문에서 문제가 발생할 수 있다. 이 지점에서 불완전 포장으로 인한 문제가 생기는 것으로 보인다. 이 영역의 모든 요소를 파악하기 위해 팀을 2개의 프로젝트 팀으로 나누었다.
프로젝트 팀1-로리, 다이앤, 샤론, 토니는 최종 구성품 프로세스를 표준화하기 위해 각고의 노력을 할 것이다.
프로젝트 팀2-트로이, 줄리, 세레나, 네르마나는 라벨 문제를 파악할 것이다.
필요한 것을 정하고 표준화해야 한다.

실험 – 진척 상황
근본 원인을 찾아내려는 몇 가지 아이디어를 조율했다.
1. 샤론 팀은 엘피 또는 참스 엠블럼 시상품을 모두 제품 상자 밖에 포장할 것이다 (2009.01.23).
2. 파비올라 팀은 보안 테이프로 상자를 포장할 것이다(2009.01.30).
3. 다이앤 팀은 오렌지색 비닐 백에 엘비와 참스 엠블럼을 넣을 것이다(주문한 가방은 2주 안에 도착한다).
4. SDC는 고객에게 겉 상자 안에 엠블럼이 들어있다는 것을 알리는 메모 카드를 제품 상자에 부착할 것이다(2009.01.29).

우리는 이러한 생각들을 조율하고 데이터를 관찰하며 결과를 지켜볼 것이다. 오렌지색 비닐 백이 2009년 2월 26일에 도착했으며, 다이앤 팀과 SDC에서 그 비닐 백을 사용할 것이다.
오렌지색 비닐 백은 수취인이 내용물을 더 쉽게 식별할 수 있기 위해 고안되었다.

실험-검토
수집된 데이터를 확인하면 샤론 팀(ADC 4팀)이 시상품을 제품 외부에 포장하기 시작한 이후 불완전 포장으로 인한 문제가 발생하지 않았다. 즉 엘피 및 참스 엠블럼을 제품 상자 안에 담지 않고 제품 상자 외부에 부착하면서 문제가 해결되기 시작했다. 고객은 겉 상자를 개봉하자마자 엠블럼을 바로 확인할 수 있었다. 이로 인해 다음 가정으로 이어졌다.
우리 회사는 지금까지 엠블럼이 어떻게 포장되고 전달되는지 고객 및 수취인에게 알리지 않았다. 그래서 수취인은 엠블럼(엘피 및 참스)이 제품 안에 있다는 사실을 몰랐다. 집에서 상품을 배송 받은 수취인은 안에 엠블럼이 들어 있을 거라고 생각하지 않고 상자를 열고 제품을 꺼낸 후 엘피 및 참스 엠블럼을 다른 포장재와 함께 무심코 버렸을 것이다.

경영자는 기념식을 기다리면서 상품을 개봉하지도 않고 옆으로 치워 놓지도 모른다. 엠블럼이 제품 상자 안에 있다는 것을 모르기 때문에 아마 당연하게도 그것이 배송되지 않았다고 생각하고 다시 보내달라고 할 것이다. 그러면 영업부와 고객지원부서의 팀원들이 엠블럼이 어떻게 포장됐는지 모르기 때문에 회사는 전후 사정을 따져 보지 않고 다시 엠블럼 주문서를 작성할 것이다.
수취인이 상자 안에 엠블럼이 들어있다는 것을 확인할 때는 이미 회사가 새로운 엠블럼을 보낸 이후이고, 그러면 수취인은 2개의 엠블럼을 갖게 된다. 일부(20%)는 반송되기도 하지만, 대부분은 수취인이 그냥 갖는다. 자신의 실수를 인정하는 과정에서 전화를 하며 설명을 하고 번거롭게 다시 포장해서 배송하는 일을 하고 싶지 않기 때문이다.

실험 – 검토
테스트를 더 많이 해 본 후, 비용이 적게 드는 최상의 옵션을 결정할 것이다.
데이터를 검토한 후에 정확하고 현실을 반영하는 매트릭스를 정하고 개선할 것이다.

검증 – 성공적 방법 09.03.30
수개월 동안 데이터를 수집하고 테스트한 결과 엘피 및 참스 엠블럼을 제품 상자 안에 '집어넣지 않으니' 엠블럼이 수취인의 '눈'에 띄었다. 회사는 다음의 조취를 취함으로 엠블럼이 사라지는 불완전 포장을 사실상 종결했다.

이전 방식: 엘피 및 참스 엠블럼을 다른 구성품과 함께 제품 상자 안에 넣어 포장해 배송했다.

새로운 ADC 프로세스: 엘피 및 참스 엠블럼과 다른 구성품을 오렌지색 비닐 백에 따로 담아 제품 상자 외부에 부착했다. 시상품을 제품 상자 외부에 붙여 겉 상자 안에 담았다.

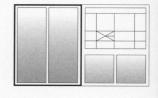

그림 8.5 **불완전 포장 프로젝트의 OPPM/A3 좌측**

프로젝트 관리자 : 토니 모건	프로젝트 이름 : 불완전 포장	보고일 : 2008년 11월 3일
프로젝트 목표 : 불완전 포장 50% 감소		

세부목표		주요 과업	일정	담당자
		프로세스		
○	1	문제 파악 및 조사		
○	2	프로세스 파악		
○	3	근본 원인 확인		
○	4	개선책 브레인스토밍		
○	5	훈련 문서 수정		
○	6	팀 훈련		
○	7	팀원 훈련		
○	8	각 팀의 의견 조율		
○	9	최상의 방법 도출		
○	10	최상의 방법 입증		
○				
○				
○				
		데이터 및 매트릭스		
○	1	반송		
○	2			
		참여 인원		
		주요 과업 / 목표 / 목표 일자 / 요약 및 전망		

겉 상자의 크기가 넉넉하면 엠블럼과 구성품을 오렌지색 비닐 백에 넣어 겉 상자 안에 넣을 수 있다. 그리로 구성 목록을 만들어 구성 요소를 알려 준다.

'주의'

겉 상자 안에 엠블럼이 들어있음.

그리고 구성 목록을 제품 상자 외부에 부착하면 된다.

검증 – 방법

반송 중단에 대한 비용 절감과 그로 인한 인건비 절감이 연간 14만 2000달러이다.

하지만 엠블럼을 제품 외부에 포장하는 비용이 연간 14만 5000달러에 이른다.

이처럼 비용 면에서 불균형이 발생한다.

그러나 고객 만족과 운영 우수성은 '값을 매길 수 없는' 부분이다.

사라진 엠블럼의 불완전 포장으로 인한 반송이 사라졌다. 지난 6주간의 데이터를 보면 사라진 엠블럼으로 인한 반송이 단 한 건에 그쳤는데, 그것은 이전 프로세스에서 포장한 제품이었다.

유지

프로세스가 바뀌고 문서화되었다. 훈련 담당자가 이 프로세스를 처음 배우는 모든 팀원을 훈련시킬 것이다. 프로세스 담당자는 프로세스 검수 및 갱신을 진행할 것이다.

우리는 이 불완전 포장에 대한 프로젝트를 종료하고 증명서나 반지 및 액세서리와 관련된 불완전 포장의 CAPA를 착수할 것이다.

그림 8.6 **불완전 선물 포장 프로젝트의 OPPM/A3 우측**

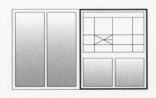

💬 선물 포장 프로젝트

〈그림 8.3〉과 〈그림 8.4〉는 OPPM/A3를 활용하여 선물 포장 문제에 대한 해법을 제시한다. 예시의 OPPM/A3가 진행 중인 프로젝트이며, 마지막 단계가 아직 완료되지 않았다는 점에 주목하며 살펴보자.

💬 불완전 포장 프로젝트

〈그림 8.5〉와 〈그림 8.6〉은 불완전 포장을 해결하기 위해 사용된 OPPM/A3이다.

문제를 해결하기 위한 최상의 방법은 과학적 방법을 고수하는 것이다. 과학적 방법에 대한 용어는 사용하는 사람에 따라 매우 다양한데, 〈그림 8.7〉이 과학적 방법의 용어들을 비교해서 보여 준다.

단계	관찰	생각	실험	검증	유지
과학적 방법	관찰	가설	예측	실험	
DMAIC	정의	측정	분석	개선	관리
공통	배경 상황	현재 상황 (목표 등)	분석	대책	다음 단계

그림 8.7 **과학적 방법의 용어 비교**

과학적 방법을 설명하는 용어들이 다양하지만, 사실 이러한 용어 자체는 중요하지 않다. 그보다는 과학적 방법 자체에 초점을 맞추는 것이 중요하다.

여기서 핵심 중 핵심이 데밍의 PDCA 사이클을 문제 해결 프로세스, 특히 사고과정에 적용하는 일이다. 이런 사고과정을 통해 우리는 지속적인 개선 방식을 터득하게 된다. 이 책의 마지막 불완전 포장 프로젝트의 OPPM/A3에서 해당 팀이 불완전 포장을 해결하는 과정을 토대로 다음 개선을 위한 계획을 세웠다는 사실에 주목해 보자. 이처럼 성공적으로 실행된 OPPM/A3는 필연적으로 향후 개선해야 할 문제를 추가로 끌어내어 수면 위로 드러낸다.

단 한 장으로 이루는 최고의 효율과 성과

부록

A

A3의 유래 및 계산

이 책에서 'A3'라는 표현은 A3를 언급할 때 사용했지만, 일반적으로 A3는 'A3 용지'를 가리키는 용어이다. 도요타의 'A3보고서'는 국제 규격인 A3 용지에 작성되어 A3라고 불리게 되었다. 도요타를 비롯한 린 기업에서의 A3는 관리 프로세스를 말한다. 프로젝트 관리의 핵심 도구인 A3는 '포괄적이고 심도 깊은 사고 과정의 틀을 공유하는 토대가 되며 혁신, 계획, 문제 해결의 방법론'이다. 이 도구를 위해 A3 용지를 선택한 이유는 의사 결정에 필요한 모든 정보를 한 장의 종이에 기록해야 했고, 팩스로 전달할 수 있는 용지 중 가장 큰 사이즈가 A3 용지였기 때문일 것이다.

우리는 OPPM이 A3의 기능을 어떻게 더 향상시키는지, OPPM/A3가 린 도구로써 전략 추진과 문제 해결에 어떻게 활용되는지 입증했다. A3에 대해 '더 깊숙이 연구'해서 많은 내용을 알고 싶은 독자에게는 다음 두 책을 강력히 추천한다.

1. 《Understaning A3 Thinking(A3 사고의 이해)》 듀워드 소벡, 아트 스몰리 공저
2. 《Managing to Lrean(린 경영)》 존 슈크 저

국제 종이 크기 표준인 ISO216은 1922년 독일의 DIN476에서 유래됐다. ISO216은 종이크기의 국제 표준을 명시하고 A시리즈, B시리즈, C시리즈의 세 가지 종류로 규정했다. 일본 표준 규격인 JIS P 0138-61도 ISO216의 규격을 그대로 사용한다. 그래서 A3 용지는 ISO와 JIS의 기준이 같다.

　A시리즈는 미터법을 사용하며 A0를 규격의 원형으로 하고 A1에서 $\sqrt{}$A10까지 A뒤의 숫자가 커지면서 점차 용지의 크기가 줄어든다. 가장 큰 크기인 A0은 가로 변과 세로 변을 곱하면 넓이가 $1m^2$가 되며, 짧은 변과 긴 변의 비율은 1:$\sqrt{2}$이다. 미터법을 사용하여 A0에서 A1으로 크기가 작아지는 경우를 살펴보자. 1:$\sqrt{2}$ 비율의 직사각형 종이를 짧은 변에 평행하도록 반으로 자르면, 새로 생긴 두 개 종이의 가로세로 비율은 각각 자르기 전 직사각형의 가로세로 비율 그대로 유지된다.

　변함없는 이 1:$\sqrt{2}$ 비율은 다음과 같이 계산된다. 아래 그림과 같이 긴 변 x와 짧은 변 y의 직사각형을 반으로 나눠 긴 변 y와 짧은 변 x/2의 작은 직사각형을 두 개 만든다고 하자. 이때 각 직사각형의 긴 변과 짧은 변의 비율은 나누기 전의 직사각형의 비율과 같다. 즉, x/y = y/(x/2)이므로 x = $\sqrt{2}$y이다. 그래서 긴 변은 짧은 변의 $\sqrt{2}$배, 그러니까 약 1.4142배가 된다.

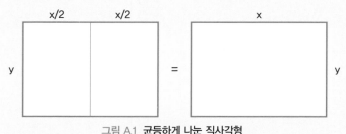

그림 A.1 **균등하게 나눈 직사각형**

AO 사이즈의 넓이($x \times y$)는 $1m^2$(100만 평방 밀리미터)로 정해져 있으며 양 변의 비율이 $x = \sqrt{2}y$이므로 이 두 개의 등식으로 AO의 각 변의 길이를 구할 수 있다.

$xy = 1,000,000$ 과 $x=\sqrt{2}y$의 등식을 치환하면, 짧은 변 $y = \sqrt{(1,000,000/\sqrt{2})} = 841mm$가 된다. 그리고 긴 변 $x=\sqrt{2} \times 841=1,189mm$가 나온다.

대부분 국가에서는 ISO216 표준을 채택하지만, 미국과 캐나다는 그렇지 않다. 미국의 '레터 사이즈'는 A4의 크기와 비슷하고, '레저 사이즈'는 A3에 가깝다. 인치로 계산하면 A3는 11.7in×16.5in의 크기이다. 그래서 미국의 A3보고서는 거의 11in×17in 크기의 레더 사이즈 용지로 작성된다. 이 크기는 A3 용지보다 조금 길고 폭이 약간 좁다.

ISO216 A시리즈	mm × mm
A0	841 × 1189
A1	594 × 841
A2	420 × 594
A3	297 × 420
A4	210 × 297
A5	148 × 210
A6	105 × 148
A7	74 × 105
A8	52 × 74
A9	37 × 52
A10	26 × 37

그림 A.2 **A시리즈 용지 크기**

좌측의 표는 A시리즈 용지를 미터법으로 나타낸 것이다. A3는 A2를 반으로 자른 크기이다. 제시된 수치에서 알 수 있듯이 A3의 긴 변은 A2의 짧은 변과 길이가 같고, A3의 짧은 변은 A2의 긴 변의 절반 길이이다. 이 비율은 표에 나오는 모든 A시리즈 용지에 똑같이 나타난다. 또한, 모든 A시리즈 용지에서 반으로 나눈 직사각형의 긴 변 길이는 나누기 전 직사각형 짧은 변의 2의 제곱근(1.4142)이다.

이 책 전반에 걸쳐 제안했듯이 복잡한 데이터나 사상을 전달하기 위한 가장 간단하고 강력한 방법은 그림이다. 〈그림 A.3〉을 통해 용지의 크기가 줄어들 때 이 비율이 어떻게 유지되는지 정확히 확인하자.

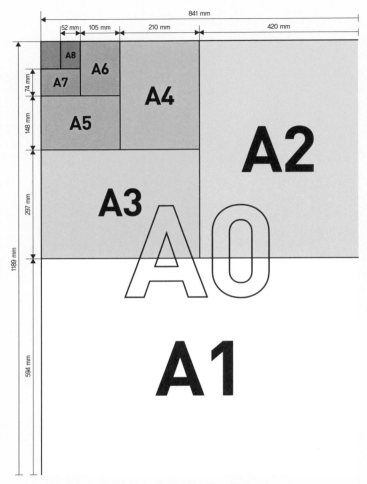

그림 A.3 **이등분되는 A시리즈 용지**

마지막으로, 그림과 도표를 최대한 활용해라. 우리는 그 간결성을 예찬할 수 밖에 없다. 소벡과 스몰리가 한 현명한 조언은 우리의 경험과도 일맥상통한다.

"A3의 작성을 갑자기 의무사항으로 규정하는 일은 피하자. 형식과 도구, 과정을 따라가기에 급급하지 말고 성과, 개선, 배움에 초점을 맞추어야 한다."

부록

B

도요타 경영 시스템과 린 사고

도요타의 경영 원칙을 단 몇 페이지로 설명하는 것은 불가능하다. 이 부록의 목적은 도요타의 경영 시스템, 특히 OPPM/A3와 관련된 중요한 원칙이 낯선 독자들의 이해를 돕기 위한 것이다. 그러한 원칙을 어느 정도 알고 있는 독자라면, 다시 검토하며 기억을 되살려 보자.

도요타 방식 2001

수십 년 전부터 도요타는 원칙, 방법, 도구 등을 다루는 도요타 생산방식TPS을 표방해 왔다. TPS는 도요타의 직원과 외부 사람이 이해할 수 있도록 도요타의 작업 방식에 대한 정의와 체계 및 기본적인 내용을 제시했다. 그에 더해 도요타가 외국에 공장들을 건설하기 시작하면서 TPS는 운영상의 명확함뿐만 아니라 문화적 이해와 통찰도 포함해야 했다.

문화적 이해가 왜 필요했을까? 많은 사람의 생각과 달리 린 사고를 바탕으로 한 TSP는 사람에 대한 의존도가 컸다. 도요타 시스템의 기반은 직원인데, 일부 직원들이 자신의 문화를 업무에 반영했기 때문에 문화적 이해가 필수적이었다.

기업 문화를 정의한다는 것은 쉬운 일이 아니다. 수년에 걸쳐 문화에 대한 정의를 포괄적으로 논의한 끝에, '도요타 방식 2001'을 발표했다. 도요타는 이 문서에 흔히 도요타 방식으로 언급되는 도요타 시스템의 기본 원칙, 가치, 신념, 방식 등을 담았다. 명칭에 2001이라는 년도가 포함된 것은 2001년 당시 도요타 시스템과 그 시스템에 대한 이해가 최고조에 이르렀다는 점을 압축적으로 표현하기 위한 것이다. 하지만 도요타 시스템과 시스템에 대한 이해는 지속적으로 발전할 것임으로 2001이 문서를 발표한 해를 나타내려고 쓰인 것은 아니다.

TPS에서 도요타 방식 2001은 흔히 기둥 두 개가 있는 집으로 설명된다. 두 개의 기둥에는 각각 '지속적인 개선'과 '사람 존중'이라는 문구가 적혀 있다. 많은 미국 기업이 지속적인 개선 방식을 적용하기 위해 부단한 노력을 기울이지만, '사람 존중'이라는 기둥에는 중요한 의미를 두지 않아 심각하게 고려하지 않았다.

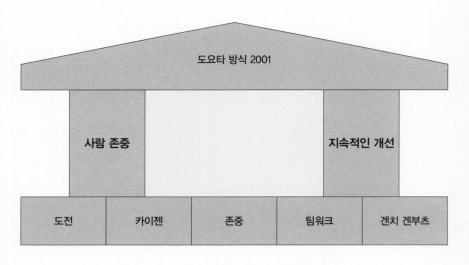

그림 B.1 **도요타 집**

지속적인 개선과 사람 존중

두 개의 기둥이 따로 그려졌지만, 사실 이 두 기둥은 서로 밀접히 연결되어 있다. 두 기둥 가운데 '지속적인 개선'은 매우 높은 수준의 문제 해결 능력을 요구한다. 문제 해결 과정은 결국 사람이 달성한다. 나머지 기둥인 '사람 존중'이라는 측면을 살펴보면 누군가에게 나타낼 수 있는 최고 수준의 존중은 그 사람이 훌륭한 문제 해결사가 되도록 시간을 들여 가르치는 것이다.

이것이 어째서 존중일까? 자신의 시간을 희생하고 다른 사람을 가르치는 일에 전념한다는 것은 자신의 필요를 다른 사람의 필요 뒤로 미룬다는 뜻이다. 즉 그 사람의 필요를 우선순위에 두는 것이다. 이러한 존중의 기본적인 정의는 공손한 배려이다.

> *'존중하다'는 '특별한 관심을 가지고 존중하다, 특별히 배려를 나타내어 존중하다, 주의를 기울이며 보살피다'를 말한다.*
>
> *– 웹스터 사전*

우리가 문제 해결 방법을 다른 사람에게 가르칠 때 우리는 그 사람의 능력을 믿고 있다고 말하는 셈이다. 가르치는 일은 배우는 사람의 능력을 믿고 그의 정신과 노력을 높이 사기 때문에 가능한 행위이다.

한편, 사람들은 자신이 조직에 기여하고 있다고 느낄 때 더욱 열심히 일하고 만족감을 얻는다. 자신의 기여도를 가장 크게 느끼는 순간은 문제를 해결했을 때, 특히 단순한 노동이 아닌 창의력을 발휘하여 문제를 해결했을 때다. 직원에게 문제 해결 기회를 줄 때 그의 재능과 능력을 존중하고 인정한다는 사실을 드러낸다. 기회를 주는 것 자체가 그 직원과 그의 창의력을 진심으로 존중하고 인정한다는 증거이다.

　'지속적 개선'은 문제를 해결해 나가는 과정에서 달성하게 되며, '사람 존중'은 주로 직원에게 문제 해결 방법을 가르칠 때 이루어진다. 이 두 기둥 없이는 도요타 집을 건축할 수 없으며, 두 기둥 중 한 개라도 없으면 집이 제대로 서 있을 수 없다. 이 두 기둥을 견고하게 세워 도요타 집을 건축하는 데 도움을 주는 도구가 OPPM 과 A3이다.

　문제 해결 방법을 가르치는 일의 또 하나의 이점은 직원에게 인생에서 가장 필요한 능력을 알려준다는 데 있다. 인생의 성공은 대부분 문제를 해결하는 능력과 관련되어 있다. 신속하게 문제를 해결하는 사람은 성공하고 그렇지 못한 사람은 실패한다. 회사도 마찬가지이다. 오늘날의 경영 환경에서 회사의 성공은 직원의 문제 해결 능력에 달려있다고 해도 과언이 아니다.

조직 구성원을 위한 정보의 시각화

　훌륭한 경영의 핵심 요소는 수월한 정보 접근성이다. 경영진은 기업 내 모든 정보에 쉽게 접근할 수 있다. 이들과 대조적으로 일반 직원은 정보에 접근하기가 상대적으로 어렵다. 경영진은 여러 가지 이유로, 사실 정당한 이유 없이도 기업의 정보를 독점하다시피 하려고 한다.

　직원이 정보가 없는데 문제를 해결할 수 있을까? 정보 없이 문제를 파악이라도 할 수 있을까? 아무런 정보도 없는데 문제를 명확하게 이해하는 일이 과연 가능할까?

　불가능하다. 문제를 해결하려면 정보, 즉 경영진만 알고 있는 정보가 필요하다. 이런 면에서 문제를 해결할 위치에 있는 사람은 경영진이다.

하지만 오늘날 우리가 살고 있는 세상은 급변하고 있다. 이와 더불어 해결해야 할 문제도 급격하게 증가하고 있다. 경영진 몇 사람이 모든 문제를 해결하는 것은 불가능하기 때문에 부득이하게 조직의 구성원 개개인이 자기 나름대로 어느 정도 수준까지는 문제를 해결해야 한다. 조직 내 모든 구성원의 창의력을 총동원하여 철저하게 활용할수록 회사의 경쟁력은 더욱 높아지고 업계에서 우위를 차지할 가능성이 더욱 커진다. 직원의 창의력을 총동원하는 출발점은 조직의 모든 정보를 시각화하여 공유하고 그에 대해 의사소통하는 것이다. 이때 강력한 시각 도구인 OPPM/A3를 활용하면 고도의 방식으로 의사소통하며 정보와 업무 과정을 매우 명확하게 볼 수 있다.

시각화가 필요한 정보는 단순히 성과만이 아니다. 전략적 목표, 경쟁사의 데이터, 바뀐 법 규정의 정보, 마케팅 정보, 고객 확보 및 감소, 그에 대한 원인, 당면 문제, 문제 해결의 진척 상황, 수익 및 손실, 그밖에 조직의 성공과 관련된 모든 정보를 명확하게 시각화해야 한다. 경영진은 이러한 정보를 시각화하여 손쉽게 활용할 수 있게 하는 것은 물론 조직 구성원에게 시각 정보를 이해하고 이용하는 방법을 가르쳐야 한다. 그러면서 정보의 시각화 수준을 점차 높여야 한다. 그래야 조직의 모든 구성원이 문제 해결 과정에 더 깊이 참여하는 것이 가능해진다. 정보의 시각화야말로 조직의 구성원에게 진정한 권한을 부여하는 필수 요건이다.

보고서로 제공되는 정보 대부분은 과업의 결과들이다. 그리고 일반적으로 월말이나 분기말, 연말에 보고하는 보고서의 정보를 시각화하여 보고하는 경우는 드물다. 당면한 문제와 관련이 별로 없는 결과를 검토하는 일은 어떤 면에서 보면 백미러를 보면서 직진으로 운전하는 것과 유사하다고 할 수 있다. 백미러만 보고 있어서는 운전에 필요한 시야를 확보하지 못한다. 그러니 모두가 정보를 쉽게 활용하도록 만드는 것에 더해 정보의 범위를 확장해야 한다. 정보는 최대한 실시간으로 업데이트되어야 한다. 어떤 문제에 더 빠르고 깊숙하게 접근할수록 더 나은 해법으로 더욱 손쉽게 문제를 해결할 수 있다. 이때 정보의 적시성이 곧 시각화이다.

직접 현장을 방문하는 겐치 겐부츠

문제가 발생하면 무슨 일이 벌어졌는지 직접 관찰하기 위해 현장을 방문할 때 많은 정보를 얻을 수 있다. 문제의 현장에 가야 올바른 결정을 내리기 위한 상황을 파악할 수 있다. 또한, 그렇게 할 때 합의를 도출하고 지지를 최대한 끌어낼 수 있다. 이 방법을 일본어로 '겐치 겐부츠' 즉 '현지 현물(現地 現物)'이라고 한다. 우리말로는 '현장에 가서 본다' 정도로 이해할 수 있다. 다시 말해서 '자리를 박차고 일어나 사무실을 나가서 도대체 무슨 일이 벌어지고 있는지 두 눈으로 확인하라.' 하는 말이다.

이 원칙이 중요한 이유는 문제가 실체와 멀어지면서, 보고되는 순간 정보는 줄어들고 추상적이 되기 쉽기 때문이다. 또한, 그 정보를 듣거나 검토할 때 사람들은 자신의 경험에 따라 해석하는 경향이 있다. 정보를 받아들이는 사람마다 경험이 다르기 때문에 정보를 제각각 해석하게 될 것이다. 하지만 현장에 직접 가서 문제를 보면 모두 동일한 문제를 발견한다. 물론 직접 확인하는 경우라도 해석이 다양할 수 있다. 하지만 직접 보지 않고 보고서로 전달받을 때와 비교해 보면 문제를 보는 시각이 어느 정도 비슷하다.

겐치 겐부츠가 시각화와 이해도를 한층 높이는 것이다.

직원의 성공에 초점을 맞추는 리더십

린 리더십은 명령과 통제와는 거리가 멀고 오히려 직원에게 복종하고 그들을 간섭하지 않는 태도에 가깝다. 린 리더는 멘토이자 스승이며 안내자이다. 그들은 조직의 문제 해결과 지속적인 개선에 깊숙하게 개입하고 있다. 하지만 이러한 개입은 일반적인 경영 활동과 상당히 다르다.

린 리더는 팀 또는 팀원 개개인이 문제를 규정하고 문제 해결 단계를 구축하도록 돕지만, 그들의 실제 사고 과정과 업무에는 개입하지 않는다. 문제와 해결 단계를 직접 제시하지 않고 일련의 능숙한 질문을 통해 방향을 제시한다. 이러한 방법으로 팀원이 문제를 해결하기 위해 스스로 탐구하며 더욱 명확하게 관찰하고 사고할 수 있도록 돕는다. 린 리더십의 훌륭한 사례를 스티븐 스피어Stevern J. Spear의 《Building Process Improvement Capacity: Structuring Problem Solving As Skill Building Exercise(프로세스 개선 능력 확립: 기술 발전 훈련으로 문제 해결력 키우기)》(03.01 개정판)에서 찾아볼 수 있다.

린 리더는 팀에게 필요한 자원(다른 부서의 지원이나 원자재 등)을 적극적으로 제공해 주지만, 팀 내부의 구성원은 아니다. 팀이 실수를 하거나, 장애물 또는 난관에 부딪히거나, 궤도를 이탈하기 시작하면 린 리더는 다시 개입하고 소크라테 식의 능숙한 문답법을 사용하여 팀이 동력을 다시 찾고 방향을 재정립할 수 있도록 도와준다.

린 리더 대부분은 각 팀원이 직접 해법을 찾아가며 문제 해결 능력을 발전시킬 수 있게 조언하고 가르친다. 그들은 이미 자신들이 테스트를 해 보고 가치가 없다고 판단한 방법이라도 팀원이 직접 시도하며 실험해 보고 실수도 경험해 보도록 지켜 본다. 이 또한 배움의 정신으로 진행되기 때문이다. 팀 또는 팀원이 실수를 경험했다면, 린 리더는 그들이 실수를 통해 실제로 배움을 얻었는지 확인하기 위해 다시 질문을 던진다.

결론은, 린 리더는 자신이 이끄는 직원의 성공에 초점을 맞춘다는 사실이다. 린 기업에 종사하는 모두는 일을 잘 해내기를 원할 것이다. 경영진은 그들이 실패하지 않도록 도와야 한다. 직원이 실패하면 그 실패에 대한 책임은 경영진이 마련한 프로세스와 시스템에 있다.

OPPM/A3는 직면한 문제 및 그와 관련된 이슈에 대해 명확하게 의사소통하게 하는 훌륭한 도구이다. 이 도구를 활용하면 경영진과 팀원은 문제, 제시된 해법, 진척 상황, 배운 점, 향후 방향 등에 대해 명확하고 간결하게 이해할 수 있다. 또한, 이 도구는 지속적인 개선과 사람 존중을 실현할 수 있는 문화와 환경을 조성한다.

임계경로법과 성과관리체계

간단하면서 효과적인 다음의 두 가지 매트릭스는 매우 의미 있는 프로젝트 관리 도구로, 프로젝트 관리 초기부터 사용하고 있다.

1. 임계경로법Critical Path Method, CPM
2. 성과관리체계Earned Value Management, EVM

핵심 과업을 강조하는 임계경로법

임계경로법인 CPM은 1950년대 듀폰사가 개발했다. CPM은 프로젝트 완료의 최단 시간을 계산하고, 그에 대해 의사소통하게 하는 도구이며, 일정이 지연될 때는 전체 프로젝트에 영향을 미치는 핵심 과업을 강조하는 데 중요한 역할을 한다.

성과가치를 간략히 비교하는 성과관리체계

성과관리체계인 EVM은 1960년대 미국 국방부가 35개 항목 관리 기준을 설정해 계산 및 의사소통 방법을 만들면서 사용되었다. 오늘날 산업계에는 ANSI의 EIA 748-A 표준으로 체계화한 EVM이 있다. 계산이 복잡할 수 있지만, 성과가치 EV를 계획값 및 실제값과 간단하게 비교함으로 프로젝트의 성과, 일정, 비용을 평가하고 개선하기 위한 목적으로 사용한다.

프로젝트 전문가, 특히 프로젝트관리협회의 프로젝트 관리 전문가PMP는 CPM과 EVM의 특징, 요건, 공식, 계산법에 더해 이 두 도구의 장단점을 잘 알고 있다. 이 부록은 CPM과 EVM을 가르치거나 옹호하려는 목적이 아니다. 프로젝트 관리자가 자신의 OPPM에서 이 매트릭스를 어떻게 사용하는지 보여 주기 위함이다.

강력한 시각 도구인 OPPM을 CPM 또는 EVM과 결합하여 사용하면, 프로젝트 초반에 주의를 기울여야 하는 부면을 추가로 강조할 수 있다. 여러 해에 걸쳐 프로젝트 관리자는 이를 수행하는 다양한 방법을 알려 준다.

OPPM에 제시된 임계경로법

OPPM의 설계 자체가 과업을 여러 요소와 연계하지만, 독립적으로 나타내지는 않기 때문에 임계경로를 쉽게 파악할 수 없다. 임계경로를 계산하기 위해 PERT 차트나 작업 분류 체계의 도해를 사용하면 너무 세세한 정보를 전달해야 한다. 경험에 비추어 보면, 이런 작업은 프로젝트 관리자에게는 필수적인 일이지만, 핵심적인 이해관계자와의 의사소통에는 문제가 된다.

하지만 간단한 기법만 사용하면, OPPM으로도 임계경로를 강조할 수 있다. 가장 쉽고 명확한 방법은 일정이 지연된 과업의 번호를 빨간색으로 인쇄하는 것인데, 이 방법으로 주요 과업 임계경로를 확인할 수 있다. OPPM을 검토하는 사람은 과업이 일정대로 진행되는지, 일정보다 빠른지 아니면 지연되는지 금방 파악하게 된다. 색상으로 나타냄으로써 일정의 중요성이 드러나고 그로 인해 해당 과업의 적시성이 프로젝트 전체 일정에 미치는 영향을 이해할 수 있다.

OPPM이 강력한 힘을 발휘하려면, 읽는 사람이 추가 설명을 듣지 않고도 이해할 수 있어야 한다. OPPM은 직관적이고 별도의 해석이 필요 없을 때 광범위한 사람들과 의사소통하는 최상의 도구가 된다. 빨간색으로 번호를 매김으로 CPM 데이터를 활용하는 사람은 필요한 정보를 쉽게 파악할 수 있다. 이 방법이 OPPM을 그렇게 복잡하게 만들지는 않는다.

OPPM에 제시된 성과가치

기본적인 OPPM은 우측 하단에 막대그래프를 사용해 총비용을 나타낸다. 실제 원가의 총액이 표시되고 예산 초과의 위험도를 알리는 색상으로 칠해진다.(2장 'OPPM을 검토하는 방법' 참조). OPPM 가운데 일정과 연계된 성과를 확인할 수 있는데 만약 이 정보 없이 막대그래프만으로 비용 정보를 제공한다면, 계획한 예산이 추구했던 가치(성과와 일정)를 달성하고 있는지 파악하지 못한다.

예산을 밑도는 지출로 보이는 좋은 소식은 사실 나쁜 소식일 수도 있다. 작업이 지연되면서 지출이 아직 발생하지 않은 경우도 있기 때문이다. 또는, 예산이 초과됐다는 나쁜 소식은 편성된 예산을 당겨쓰면서 애초 계획보다 빨리 더 많은 성과를 산출했다는 좋은 소식일 수 있다.

성과관리체계는 이렇게 표면상으로 드러나지 않는 정보를 명확하게 전달하기 위해 성과가치와 계획가치를 간단하게 비교하는 모형으로 고안되었다.

하지만 안타깝게도 EVM을 이해하고 있는 경영자나 프로젝트 관리자는 상당히 적다. 다음에 소개하는 1번 책은 EVM의 복잡한 개념을 쉽게 설명하여 이 도구의 장점을 체험할 수 있게 한다. 그리고 2번 책은 EVM을 심도 깊게 파헤치며 자세히 알려 준다.

1. 《Project Management: The Common Sense Approach: Using Earned Value to Balance the Triple Constrain(프로젝트 관리: 상식적인 접근, 3대 제약 요인의 균형을 위한 성과가치 활용)》(제3판) 리 람버트, 에린 람버트 공저

2. 《Earned Value Project Management(성과가치 프로젝트 관리)》(제3판) 쿠엔틴 플레밍, 조엘 코펠만 공저

이 책에서는 EV의 계산 방법을 자세하게 다루지 않았다. OPPM 우측 하단에 있는 비용 영역은 성과가치를 비교해 보여 주는 공간이다. 우리가 이 책에서 다루었던 OPPM에서 세 개의 막대그래프는 EV를 시각적으로 명확하게 제시한다. 세 개의 막대그래프 중 한 개는 투입 비용^{AC}을 나타내고, 또 한 개는 누적 계획^{PV}을 나타낸다. 그리고 나머지 한 개는 누적 실적^{EV}를 보여 준다.

EV와 PV를 비교해 보면 일정 편차를 눈으로 확인할 수 있다. 비용 편차는 EV와 AC의 비교를 통해 알 수 있다. 마지막으로, EV 막대그래프는 색상으로 나타내는데 허용되는 가치는 초록색, 약간 부정적인 가치는 노란색, 허용할 수 없는 가치는 빨간색으로 칠한다. 앞에서도 말했듯이 OPPM을 복잡하게 만들지 않도록 주의를 기울여야 한다. 하지만 일부 사용자는 원가성과지수^{CPI}와 일정성과지수^{SPI}는 기재하여 아주 유용하게 활용하기도 한다.

$$CPI=EV/AC , SPI=EV/PV$$

이러한 지수는 질적 과업과 관련된 것으로 각 프로젝트 기간 이후 색상을 결정하는 데 활용된다. 지수의 값이 1보다 크면 초록색으로, 1보다 작으면 노란색이나 빨간색으로 나타낸다.

OPPM의 강력함은 그 보고서를 읽는 사람이 신속하게 검토하고 중요한 정보를 파악하는 데 있다. OPPM을 단순하게 작성할수록 프로젝트의 전략 전개와 의사소통에 더욱 성공할 것이다. 유능한 프로젝트 관리자인 당신의 본성은 세밀함을 지향할지도 모른다. 어쩌면 세밀함에 초점을 맞추는 태도가 당신의 성공에 크게 기여했을 것이다. 아마 당신은 늘 하던 대로 복잡한 차트와 그래프를 놓고 씨름하며 측정을 하고 세부 사항을 파악하고 싶어 할 수 있다. 그렇기 때문에 문제를 복잡하게 만드는 경향과 싸워야 한다는 것이다.

처음에는 OPPM을 최대한 간단하고 일관되게 유지해야 한다는 사실에 거부감을 느낄지 모른다. 하지만 단언컨대 도구가 간단할수록 프로젝트의 성공 가능성은 커진다. CPM과 EVM을 제대로 사용하여 효과를 얻을 수 있다면, 그리고 당신과 의사소통하는 사람이 이 도구의 의미를 알고 그것을 사용하기를 원한다면, CPM과 EVM을 OPPM과 함께 사용하라.